跟家庭的傷說再見

與生命和解的故事療癒

周志建——著

本書願獻給——

在不完美家庭中

勇敢受苦的**你**

〈推薦序〉

讓故事，超渡你心靈的幽魂；讓愛，擁抱回完整的自己

蘇絢慧

亡靈，在離開這人間之前，親友會為祂們超渡，讓祂們以寧靜安息的方式，了結在世間的一切苦厄，幫助亡者從此岸抵達邁向解脫的彼岸，善了祂們在世的一切因緣。

心理工作者在某些層面，也在進行超渡的工作，但超渡的不是亡靈，而是每個人過往生命的陰影，藏在內心的幽靈鬼魂。

我常說，早年生命的傷痛，會讓我們投射出許多的情結、情緒，在我們後來的人際關係中、生活中，讓我們時時憂傷、處處失衡，我們以為「問題」是在外面，老想解決、處理掉外在的人事物，以為這樣就能清心、就能清明，不再與之痛苦糾纏。

但其實，那些無名無影卡住我們心靈的幽魂，不在外頭，而是在我們自己的心裡面，讓我們無從解脫，難以眞正的善了此生的苦厄輪迴。

收到周志建老師的新書，眼睛爲之一亮，心想又可以好好浸入在周老師的故事裡，體會故事的療癒力和敘說的動人之處，體會生命的珍貴和力量。

果然，周老師這本新書讓我領受到人是從懂得敘說自己的故事開始，在超渡自己此生的悲苦及辛酸。在親近及慈悲的文字敘說裡，周老師告訴我們的是，唯有你用愛及接納，聽懂生命那些說不出口的「祕密」，不帶批判，不以教條訓斥，眞情眞義地用情感善待內心那些封鎖已久的幽魂，擁抱回那些在生命歷史中，你以爲是黑暗、令人憎恨、可笑的自己時，內在的幽魂才能得到釋然、安慰及療癒。眞正的與你和解和好，讓你的生命可以眞正的告別過去，活在當下，長出安穩做自己的力量，好好地過自己的人生。

如果你願意傾聽，也願意好好端詳在我們內心存在的心靈幽魂，或許你會看見一個始終覺得不被至親所愛的孤童幽魂；一個充滿罪惡感，不斷承受指責的自責幽魂；一個覺得自己沒有資格被愛、覺得自己的生命是不祥的自卑幽魂；或是一個充滿怨恨、覺得自己不斷被利用及欺騙的憤恨幽魂，不論是哪種型態及面貌的幽魂，所需要的都是接納、承認、安撫及慈悲。

唯有愛，可以善待過去含怨含恨的心靈幽魂，以及善了過去生命歲月裡，所遭遇的創傷和苦痛。所有的創傷和苦痛，要的不是噤聲和隱藏，而需要的是同理和聽見。

任何建議可以不用。受苦的靈魂，其實不是自罪自受，而是承受了很大的苦難，好不容易才能扛住龐大的情緒痛苦，即使堅強度日，但內在的心靈幽魂，仍渴望一份從他人來的善解人意和寬允接納。即使身旁尚無這樣的人，能夠撫慰暗黑中哭泣的心靈幽魂，但只要我們願意，我們就是自己的救贖。能爲自己的人生療傷止痛，讓內在的幽魂眞正得到解脫、獲得安息的人，就是你。

（本文作者爲諮商心理師、作家）

〈推薦序〉

唯有走出家庭的陰影，才能成為真實的自己

張淑娟

這本書裡，有許多疼痛的家庭故事，當我看到許多聳動的標題：「做不到孝順，這不是你的錯」「父母給不了的，我們就自己給」「誰在乎你，誰就是你的家人」「從父母那裡，一點一滴拿回自己的力量」……哇！這麼直率挑戰華人家庭文化的核心，我只能讚歎，寫得太中肯了。這就是志建，向來直接、簡潔、真實表達自己、勇敢活出自己。

這些提醒深深呼應了十年來我在大學校園裡的經驗。我接觸過許多大學生，即便從小感受不到父母的愛，即便父母無理的管束、粗暴的對待，卻始終無法理直氣壯地對父母憤怒，即使頂嘴、叛逆、離家，內心卻用愧疚自責來譴責自己，只因為父母

終究恩大於天。一次又一次聽了這樣的故事，我很生氣傳統孝道文化對這些年輕人的荼毒，也很心疼他們禁錮在家庭創傷中難以掙脫。

這一生，唯有走出家庭的陰影，我們才有可能成爲自己。然而要放下社會文化給我們的束縛眞的很難，這不但需要時間，更需要勇氣。志建透過一篇又一篇的故事敘說，邀請我們先回歸自身，以愛與慈悲跟自己和解，讓自己先充滿愛與力量，再與父母和解。

衷心祝福這本書召喚每一個在家庭中受苦的靈魂，幫助他們獲得重生的希望與力量。

（本文作者爲嘉義大學教育系副教授）

〈推薦序〉

生命透過故事，彼此相認

黃錦敦

和志建當朋友好多年了，想到我們的友誼腦海裡就會浮現一個畫面：一張餐桌、舒服的燈光、簡單的食物，然後我們一個個故事不停地說，不論是生活的、旅行的、關係的、心靈的，我們幾乎無話不談，常這樣幾個小時就不知不覺過去了。我們沉浸在對話裡享受著，那不僅啓發生命且觸動靈魂。

當我讀著志建這本新書《跟家庭的傷說再見》時，彷彿又回到那些深刻對話的時光裡。這本由故事組成的書，常看著看著有些東西就鑽進心裡，敲開心中的某扇門，帶自己回到了過去某段經驗去重新感受與思索。這是故事的魔力，生命透過故事，讓我們彼此相認，而傷痛在這樣的交會中被陪伴，進而轉化。如志建在書中所說的，這樣的過程對說者和聽者而言都是深具意義的。

這本書讓我理解，眞實與慈悲如何讓難以承擔的傷痛找到出口。若說眞實像伸出一雙手去碰觸那些讓人難受的傷痛，不再忽略它，那麼慈悲就像是讓這雙手充滿撫慰能量的良方，它讓眞實不只是揭開傷疤，再痛一次，而是能給予受傷的心靈極大的安慰與滋養。

關於慈悲，我非常喜歡志建在這本書裡提到的一個觀點：慈悲不該只是拿來對待他人，我們同時也要思考是否能慈悲地對待自己？我深信待人慈悲的重要，這是讓人們能彼此善待的重要基底，但若只待人慈悲卻嚴苛對己，這樣的慈悲常會充滿扭曲。因此，我很讚賞志建在這本書裡說的概念，療傷之道別無他法，就是要在傷痛中重新學習把自己愛回來，這就是對自己的慈悲。

志建寫了這樣一本書，讀起來動人又具啓發性，不過初次閱讀實在讓人有一種很受不了的矛盾心情。這書裡一個又一個動人的故事，讓人很想一頁頁不停地讀下去，但每個故事所帶來的振動與啓發，卻又得慢慢品味，好好停留才行。這種想一口氣讀下去卻又不忍把書太快讀完的矛盾心情，實在讓人想罵髒話。如果你也想要理解這種心情，那你得自己打開這本書才行。

（本文作者爲諮商心理師、作家）

〈自序〉

眞正的慈悲，是悅納自己的陰影

有一天，在網路看到一篇文章，講到「超渡」，裡面說：

所謂的超渡，是走完你這一輩子所有的情緒。
你之所以坐在這兒不安心，是因爲你的內心還在不平衡、還在仇恨、還在恐懼，所以首先要先學會超渡這輩子的你，而不是到佛寺辦法會超渡……
唯有你超渡了、安撫了你內心的那個悲傷的、緊張的、還在擔心明年沒有錢的那個自己，唯有安了他的心，你才在這兒坐得很安心……

所謂超渡你自己：是深入你的內心，用你當下的愛和智慧，化解你內心有種種負面情緒的自己。（摘自「遇見賽斯部落格」）

看完之後，深深吸了一口氣。嗯，百分之百同意。

這段話，其實就是我這些年做故事療癒工作的心得。深入自己、迎向生命的陰影，用愛「超渡」它，把自己拯救回來。這件事，就是療癒。而且，你別無選擇。

出版了三本書，說著自己的故事，其實我就是在老老實實地面對自己，在故事裡，我把自己認回來，並安放自己的心。這就是「故事療癒」、「自我超渡」。

然後，我把這個方法實踐在我的敘事工作裡。這些年，許多生命勇士來到我的課堂裡，跟我一樣，開口說出自己的故事，讓自己被聆聽、被理解、讓生命被重新看見，這些人眞是勇敢啊，面對這樣的生命，我充滿敬意。

說故事，尤其是自己的故事，很不容易。相信我。

人之所以活得痛苦不堪，都是因爲你不敢面對痛苦與傷口。當你否定痛苦、否

定過去時，你就是在否定生命。

說故事，其實就在幫助你我「誠實面對自己」。這也是所有的心理治療，最想做的事。

活到中年，眞實面對自己是必要的。活著，如果無法眞實地面對自己，內心將一輩子騷動不安。這是我近年最大的體悟。

於是，我終於明白：人爲什麼要好好地說自己的故事了。

因爲故事給出一種「照見」，如同一面鏡子，說故事會逼著你誠實面對自己，面對你不想面對的苦痛、不想面對的自己。

當你徹徹底底地認回了那個受傷的自己、焦慮的自己、悲傷的自己、憤怒的自己時，我們才能爲那個自己，找到一個安放的「位置」。

當你「安放」好這些情緒與創傷時，你的靈魂，便不再漂泊。於是，你就終於可以安穩下來、好好度日了。這就是「自我超渡」的眞諦。

這些年，我不斷說著故事，其實是在超渡自己的傷口。歷經了多年的風霜歲月，我深切體悟到一件事：**「眞正的慈悲，就是接納自己生命的陰影，擁抱自己的不完**

美。」

原來，我們不急著去超渡他人，「我們最該超渡的人，其實就是我自己」。我們不急著去對他人慈悲，「我們最該慈悲相待的人，也是我們自己」。這個體悟，如今明白。

本書最想說的，就是這些體悟。這些體悟來自於這些年我做個案、帶工作坊，以及不斷地深度自我對話的咀嚼歷程。

最後，我發現：自我療癒的終極之道，無非就是「轉身」罷了——轉身面對自己的陰影，如實接納自己。

轉身，是一種勇氣、一種力量，更是一種「慈悲」。

「超渡」不完美，不是要「超越」不完美、讓自己更完美，而是要與不完美「共存」。共存是一種智慧，共存就是慈悲。

「請對自己寬容一點」，我經常這樣跟案主說，其實也是對自己說。

「無法被自己接納的自己」，永遠活得支離破碎，心神難安。

請別再自我批判或逃避內在靈魂的聲音。請好好撫慰自己的傷口，安放每個受傷的自己，這是我每天都在做的事。我幫別人做，也在幫自己做。

這個功課，是一輩子的。這也是我寫這本書的最大用意。

其實我想說的是：別讓過去的傷痛，阻礙你的現在與未來。別讓過去的不幸，阻止你現在的快樂與幸福。現在，該是你超渡自己的時刻了。

期待這本書，也可以安放你的心，超渡你受傷的靈魂。日子不好過，我知道，但我們都不曾放棄，不是嗎？

不放棄，是一種動人的意志。

這份堅持與不放棄的心，讓不完美的生命如同夜空裡的星光，閃閃發亮。

目錄

第二章
擺脫暴力陰影，拯救自己的內在小孩

第三章
超渡自己，療癒家庭創傷經驗

第五章
寵愛自己，重新把自己愛回來

第六章

療癒自己，就是給孩子最好的禮物

第一章
擁抱自己，
認回每一個部分的自己

用慈悲幽默的方式，
看待自身的不完美，你會感到解脫。
只有當我們對自己的缺陷與不完美感到羞愧時，
你的傷才會變得更痛。

不要白白糟蹋你的受苦經驗

親愛的，請不要白白糟蹋你的受苦經驗。

每個經驗，都是獨一無二、都是生命召喚來的。不管你要不要。

「不要糟蹋你的受苦經驗」的意思是：

不要忽略它、否定它，假裝它不存在。

有些人怕痛、怕丟臉，極力想掩蓋生命中的不完美與不堪，

但是，發生過的事，不會因爲你否認它、不理它，它就消失、不見。

它依然會躲在你生命某個角落裡，伺機而動。

等到某個時機、你遇到某一個人時，它會跑出來，阻止你的幸福與快樂。

當然，還有一種人，剛好相反，

他不是漠視經驗，而是無時無刻讓自己活在「過去的經驗」裡，每天怨天尤人，宣告自己是世界上最可憐的人。這種人，也是在糟蹋自己的受苦經驗。

過度誇大受苦經驗，霸佔著「受害者」的位置不放，或許只是想要博取他人的同情、憐憫與注意罷了，其實他根本就不想改變。我的個案裡，就有這種人。

「如果你喜歡一輩子當受害者，我沒意見，我絕對尊重你的決定。但我也想提醒你：一、一直沒活在當下，這是你痛苦的原因。二、一直抱怨，別人不見得會同情你。三、就算別人會同情你，同情只能帶給你短暫的慰藉，並無法帶給你眞正的快樂與解脫。」

我曾這樣提醒一位案主。幾個月後，他醒了。

所有的發生，不管你是悅納或厭惡的，都得概括承受。你別無選擇。

安靜自己，看看老天爺在你生命這個階段，讓你遇見這件事、碰到這個人，到底用意何在？去參透老天給你出的功課，比抱怨來得更實際。

在故事裡，安靜、反思、參透每個經驗，你便可以從這個經驗裡「走出來」，成爲一個「新的自己」。這叫成長、也叫「超渡」。

如此，你的苦，才不會白受。

這就是我所謂：「不要糟蹋你的受苦經驗」的意思。

超渡自己，讓自己自由

「你幹嘛要一直說自己母親的故事？」如果有人敢這樣問我，我一定會直接告訴他：

「有一個不完美的母親，並不是一件光榮、值得炫耀的事，我之所以要說母親故事，不是爲了博取同情、自哀自憐，更不爲人生的痛苦找藉口。相反的，我是想超渡自己。」

「超渡自己？」

是的，超渡受傷的自己。超渡我的靈魂及內在小孩。

如果你跟我一樣，有個剝削型的母親（或父親），那你一定知道：你的童年是不快樂的。這是事實，不必否認。

如果你一直迴避這個事實，不承認自己受傷、不承認自己有個不完美的母親，你就會一直處在「受害者」的悲情裡，不斷折磨自己。我不想這樣過日子，我也不想一直當個悲情的受害者。所以，我說故事。透過故事，我眞實面對自己的人生。眞實，**就是接納。活出眞實的自己，你就不用躲躲藏藏、虛僞度日。**

不要否定事實，不要害怕丟臉。唯有接納所有的發生，你才能得到眞正的自由。不解嗎？那我說故事給你聽。

聽二姊說母親眼睛白內障開刀，我想關心她一下，於是我打電話回家。這次對母親的關心，我是發自內心的，跟以前不同。以前，那是責任、是義務、是恐懼。如果不打電話關心，彷彿我不孝（這是責任）。如果不打電話回家關心，母親一定會不高興（這讓我恐懼）。所有的孩子，都很害怕父母不高興，你知道爲什麼嗎？因爲我們都害怕被拋棄。正因爲這個「害怕」，所以我們才會一直被父母控制、「情緒勒索」。

現在，我已經過了這一關了。

現在，我不怕了。「你是怎麼辦到的？」

就是靠書寫，說故事。這十年來，寫了三本書，說著自己的故事，不是賺稿費，更不是博名聲，有一個不完美的母親，不是什麼光榮事，藉此博名聲，我可沒頭殼壞掉。

直到今天，我才知道：我書寫，是因爲我不得不寫。書寫，讓我把過去每個發生的自己「認回來」。這件事就是治療。好，故事沒完。

電話那邊響了很久，母親終於拿起話筒。我問候她，問她眼睛開刀的情況，她說她現在好很多，但開刀時，麻醉針直接注射到眼睛裡，很痛、很痛。我同理了她幾句，之後就不知道該說什麼了。

從未跟母親談過心事，心理距離是遠的。因此說話時，經常會斷掉、處在「無話可說」、卻還一直要找話題的尷尬狀態。這樣的情況，我想有些人一定懂，但有些人可能一輩子都不會懂。不懂的人，恭喜你，你是幸福的孩子。

然後，就在無話可說，要掛電話之際，母親趕快補上一句：「那你什麼時候回來？」

當母親問這話時，我永遠都知她這是什麼意思。她想念你嗎？別傻了。她關心你嗎？沒錯，但不是關心我的人，是關心我的錢。

每個月，必須固定拿錢回家「進貢」，這是我的責任。我認了。以前聽到這樣的話，知道她是要提醒我拿錢回家，心裡總有一種隱隱的憤怒，覺得被勒索了。甚至感到很悲哀。

除非你也有這樣的母親（對她而言，你只是「搖錢樹」罷了），不然，你大概很難理解我心裡的感受。

記得念高中時，每次放寒暑假，一大早我還在睡夢中，就會聽見母親在我的房門外斷吼著：「還不趕快起床，不去找工讀賺錢，整天沒事就有飯吃嗎？」

你沒聽錯，這是真的。要是一般母親叫孩子起床，多半是要孩子去念書。但我母親不是，她是叫我要趕快去打工賺錢給她。

退伍後，有了工作，每次回到家，父親總關心我：「工作辛苦嗎？會不會太累？」但母親給出的語言卻總是：「你一個月賺多少錢？」

後來，當我成了自由工作者，每次打電話回家，母親劈頭的第一句話總是問：

「你現在有工作嗎？」當然，她關心的是：如果我沒有接工作，那我就不能賺錢給她。她怕斷炊。我當然知道。

如果你也有這樣的母親，請問你會想常打電話回去跟她聊天嗎？

至少我不會，我是一般常人，不是聖人。人是互相的，情感的流動也是互相的，這個道理很簡單。

跟母親的關係，幾乎沒有「情分」可言，這點著實叫人傷心。

沒有母子的溫情，只有「金錢」的關係。這是何等可悲啊。但沒辦法，這是事實，我不得不接受。沒有人願意這樣的。

這種事，該是很多幸福家庭的孩子無法體會的。

於是我突然想到：這些年會來到我課堂裡說故事的朋友，多半原因，或許是因爲他們看了我的書，終於找到有人懂他，而且能夠幫他們說出心裡話的人吧。

現在，當電話那頭母親再給出這句話：「你何時要回來？」時，我不再生氣、也不再悲哀了。

這幾年，透過長長的書寫，我在「消化」自己的怨與痛。

寫完後，我終於懂了。懂得她的匱乏，也接納了她的匱乏。那是一種「無法挽回、無藥可救」的生存焦慮。這不是她的錯，恨她一點意義也沒有。

但天知道，要放下心中那點怨恨，卻得花我二十年的功夫。

如我書上說的：「當我終於將心目中那個完美的母親給賜死時，於是我才能如實去面對眼前這個不完美的母親。甚至，把她給擁抱回來。」

這個歷程，如海浪沖刷岩石一般，每天反覆折騰。直到有一天，尖銳的礁石，終於被磨平、磨光了。這個歷程，就是我的修行。

現在，當母親問我「何時回去」時，我會心平氣和地告訴她：「我下週五回去，我回去時會拿這個月的錢給你。你看還有沒有其他需要的東西，我順便買給你。」

現在，我終於明白：當一個人匱乏之時，你就給她，不要跟她計較，更不要跟她的匱乏對抗。你打不過的。

接受，於是我就放過了自己。這就是慈悲。對別人的「不能」，多一點寬容，這是慈悲，這也是我今生的功課。

當我這樣回應母親的「需求」，並用「確切」的語言告知她時，很明顯地，電話那頭的母親會突然「鬆掉」，語氣變得柔和了。如果運氣好的話，她最後還會補上一句：「你自己多保重喔。」這樣的話。

不要小看這樣平常、微不足道的話，對一般母親而言很容易，但對她而言卻比登天還難。如何關心子女，是她一直學不會的事。但現在這句話，卻讓她重新站上「母親的位置」。她變了，看見了嗎？

掛上電話，我心裡有一種說不出的平安。

我對自己的表現，滿意極了。我知道，從此以後，我自由了。

我的心不再隨著母親到處牽絆、受折磨。這是值得慶賀的好事。

於是，我帶自己去了一家心儀的餐廳吃飯，那家的香茅煎烤雞腿飯及南瓜湯好吃得不得了。「**母親給不了我的，我就自己給自己。**」這件事，就這麼簡單。

當我可以做自己的「好母親」時，於是我就超渡了童年的創傷，同時，也療癒了自己內在那個小孩。這是我生命課堂裡最難，也最重要的一門功課。如今完成了，不簡單，該給自己鼓掌的。

與母親和解，其實是與自己和解

五一剛從大陸帶工作坊回來，其實有點累，本該在家好好休息的，但我還是訂了高鐵票，週四想返回台中，我很清楚知道：爲什麼我要回台中，因爲我想陪母親過母親節，我想買花送給她。

而且我知道，這次回去，我是心甘情願的，不是盡義務、不是應該、更不是討好。週三晚上我跟私塾伙伴說：「我寧願現在送花給母親，而不是等到她死後再送花給她。」大家聽得哈哈大笑，但我不是開玩笑，我是認眞的。

我跟母親和解了。不，應該說，我跟自己和解了。

我不是孝順、更不是愛母親，確切的說，應該是「悲憫」。對生命的悲憫。這女人的一生，夠辛苦了〈關於我母親的故事寫在《擁抱不完美》書裡，有興趣的人請自己看）。

現在，當我療癒了自己的內在小孩，同理了自己，自然我就可以同理自己的母親了。於是，我想這麼做，如此，讓我覺得心安。

平時回母親家，我本來就會帶花回去。我喜歡花，母親也喜歡花，這大概是我們唯一的共通處。通過花，創造了我們親子的連結，我很樂於做這件事。

今天，我特地到花市挑了兩盆盛開紫羅蘭色的蝴蝶蘭，還買一大束粉紅色康乃馨，兩盆鮮綠的綠色植物，加上一大盤她喜歡的玉蘭花，晚上歡天喜地帶回去給她。當然，還有一個大紅包，這很重要。

母親看我帶了這麼多花回去，笑瞇瞇的、很是驚喜。她的臉，綻放著溫和的笑容，可以感覺到她很快樂。我喜歡這樣有笑容的母親，這個花，買得值得。

如果可以，我眞心希望她天天快樂。這輩子，大部分時間她都不快樂，因爲她內心有個洞，好大的洞。心疼。

看著花，母親笑了。這一回，母親好好地跟我道了謝，發自內心的，我知道，我收進來了。要是在以前，母親總會覺得孩子給她錢、送她東西都是理所當然、應該的。她永遠覺得不夠。沒辦法，那個洞，太深、太大了。

離開母親家，抬起頭，望著一彎新月正掛在無雲的天空裡，風輕輕地吹著，清涼。我突然領悟：以前當我是「盡義務」的給時，其實我沒那麼開心，因爲心裡覺得被「勒索」了，很不甘心。這或許是後來我不想回家的原因。

學了敘事以後，我開始忠於自己。

我覺悟到：生命有限，我的人生不想再虛僞度日。我不想演戲了。

所謂的「演戲」，就是母親節一到，孩子就「必須」買花、送蛋糕、請吃飯，做這類的例行公事。當然，如果有個好母親你去做這些事，自然是開心順意的。但請注意，不是每個人都有好媽媽的，要受盡折磨的孩子去做這些事，其實很殘忍（有人可以理解我說的嗎？）。但沒辦法，我們得「配合演出」，爲了符合社會期待、爲了做一個孝順的孩子。這就是演戲，很辛苦的。

很多家庭，都在演戲。因爲我們害怕衝突、害怕眞實，害怕做自己。很多人（包括大人、小孩）都想逃家、離家、不想回家，因爲累了，「不想再演戲了」，夠了。

演戲，是沒有用的。虛假的人生，只會叫人更痛苦。別想用討好的方式，去彌補別人匱乏的洞、去討別人歡心。沒用的，白費力氣。

後來我才明白：根本之道，就是你得先回頭去補自己的洞。把自己的洞補起來，你就可以「給」出去，而且給得很自然、一點都不勉強。就像我現在這樣。

這十多年來，我一直在說故事、面對自己，就是在補自己的洞。這件事，是自己的責任，責無旁貸。

現在，如我書上說的：「我的母親現在已經很難惹毛我了。」這是眞的。

不是母親變了，是我變了。

當我發自內心，全然接受我的母親『就是這樣』。而且，當我放棄「我的母親有一天會變好」時，我就鬆了。當我不再執著，順服生命時，自然就不會被她惹毛。這就是我的療癒。

這樣的改變來自於：我終於學會了「放棄」，學會「臣服一切的發生」。

我也終於明瞭：很多事情的發生，不是偶然，而是「必然」。這是我們靈魂的選擇。

所有來到我生命中的人與事，都是我這一生，必須去經驗的「經驗」。**這些經驗，**

都是爲了成就「現在的我」而誕生的。其實，我的母親只是「配合演出」罷了。有了這樣的了悟，身心頓時輕鬆許多。（輕輕嘆一口氣）是的，我清晰地明白：我所遭逢的一切，裡面沒有誰對、誰錯、誰好、誰壞，一切事物都有它的陰陽兩面，凡事都是一體兩面的，不管正面、負面，都有它存在的必要。我必須，平等待之。這是我這些年的深切體認。

原來，生命中的苦難，不是一種選擇，那是一種必然。

反之，如何在艱辛的歲月裡，不放棄生命、不放棄讓自己活得更好，這絕對是一種選擇。而且，這是一個了不起的選擇。

親愛的朋友，如果你有一個好母親，那麼就在這個節日裡，歡天喜地的去陪媽媽吃飯吧。這個節日是爲你而設的。恭喜你。

但如果，不幸你也有一個讓你辛苦的母親，請別洩氣，起碼你有個「了不起」的經驗，這個經驗或許會讓你成爲心理治療師、或成爲一個作家。就像我一樣，這也不賴。

每一個生命都有屬於自己要煎熬的部分，請不要哀怨，更不要去羨慕或嫉妒別人。老天爺是公平的。

來吧，深呼吸，迎向炬火，坦然接受，燃燒吧。

有一天，當你從火堆的灰燼裡走出來時，你已經不再是你。

你會變成了一隻鳳凰，浴火鳳凰，那猛烈的篝火會把你鍛鍊成像鋼一般的堅強，也會把你的生命修練得如羽毛般地柔和、謙卑、有人性。

這幾年，在敘事與靈性的修練裡，我是這樣蹣跚走過來的。

說故事的療癒，其實就是一種生命的「超渡」。

當我超渡了自己、超渡了過往的創傷，於是我才能安心地、好好走路、好好吃飯、好好享受生命的每個當下。

當我的生命不再張牙舞爪時，於是我才可以感受到微風的清涼、欣賞到月色的柔美。就像今夜一樣。不管今晚是月圓月缺，其實都好，都很美。

迴響：你的故事同理了我

這篇文章放在臉書及部落格與大家分享，不到兩天，將近一萬多人點閱，並出現許多這樣的留言：「你的故事深深觸動我了。感謝你療癒了我。」

是的，不是每個人都心甘情願地想回家過母親節的。

「原來，如果不是出於心甘情願，我也可以不用回家過母親節。」

一位讀者深深被同理了，於是她做了一個決定：今年她不想回家過母親節了。因爲，心裡有一個自己依然很不甘心。做完這個決定後，她說：「我感到無比的爽快，不用再演戲了，我自由了。」

還有人說，被困在與母親糾纏的關係裡多年，叫她痛苦萬分，但看到我的故事後，讓她找到了「解套」的方式。原來，我們要先愛自己。

老實說，我說故事並不是爲了要幫助誰或療癒誰，我是爲自己而寫的。但是，一人故事，眾人故事，我的故事，讓很多人看見自己、並得到同理與慰藉，這確實是我這些年來，一直在經驗的事。

慈悲，是在每個經驗裡學會愛自己

如拜倫凱蒂說的：

如果我遇到了困難，你幫我，我從中學到很多。

如果我遇到困難，你沒幫我，我從中也學到很多。

謝謝你幫我，謝謝你沒幫我。

如果有人可以這樣想，煩惱自然就得到轉化。

這就是對自己的慈悲，也是對他人的慈悲。

慈悲就是：以良善出發，重新去詮釋發生在你身上的每個「經驗」。
讓每個經驗，成爲你生命的「養分」，而不是變成生命的「垃圾與悲哀」。

慈悲，就是善待自己。
請不要把自己當作是「全天下最可憐的人」，一直拿過去負向經驗、不斷折磨自己，這是自我虐待。

慈悲是：在每個經驗裡學愛，並心懷感激。
慈悲是：讓自己既使處在苦難中，卻依然可以活出生命的喜悅與光。

不管發生什麼事，統統「坦然接受」，這是一種氣度、一種人格，更是一種修爲。

善待自己，是學來的。這是智慧。
這份智慧來自於「慈悲」，來自於你對自己的慈悲。

讓我們好好說故事，在故事裡，如實接納自己，接受「我就是這樣，這就是我」。此乃故事療癒的精髓。

在敘事治療裡，我們所做的「轉換」，就是改變「我們對自身經驗的詮釋」，進而讓生命故事得以「改寫」。

不管是接納、轉換或改寫，其實我們所練習的，不過是「自己對自己的慈悲」罷了。

療癒自己的匱乏，不然誰都無法滿足你

囤積，是一種匱乏的象徵。

我不知道別人是不是這樣，起碼我的母親是如此。母親童年的匱乏，讓她成了囤積高手。她不只囤積金錢，她還囤積食物、日常物品。無所不囤積。

每次拿錢回家時，我都會順便買一束花、或蔬菜水果給母親。縱使每次回去，打開她的冰箱，裡面總是滿滿滿，食物幾乎堆到要滿出來，但我還是會買。知道爲什麼嗎？因爲我明白：我的母親需要透過金錢與食物，來塡補內心的大洞。這件事目前無解，「給」是最好的解藥。

這讓我想起一位個案，她是一位高焦慮的母親，也是囤積高手。之前在別的地方做了十五年的心理治療，經朋友介紹後，才來到我這裡。

聽完她的故事，知道她來自原生家庭的傷，於是我也明白了她的焦慮。

她的父母都是高學歷的知識分子，對她要求極為嚴格，小學考試若沒有前三名，就等於失敗。

她說從小到大，她一直都是魯蛇，是人生的「失敗組」。小時候她的功課一直不好，一直達不到母親的要求，最後，她被母親放棄了。

母親對她心懷怨恨，一直用惡毒的語言批評她、否定她，這些話早已深植在她內心，變成了她對自己說的話語。長大以後，她用這些語言不斷地鞭打自己。這就是為什麼十五年來，她需要一直做心理治療的原因。

她說她一直活得很無感，不知道為什麼活著？縱使結婚有了小孩，孩子很乖、老公也善待她，但她依舊無法逃出原生家庭帶給她的傷痛與詛咒。

其實她父母老早過世了，甚至父母過世時，還留了一大筆遺產給她。對生活經濟，她完全不需在意，但她就是無法好好放鬆過日子，心理一直處在焦慮的狀態。

她跟我晤談的那年冬天很冷，寒流來襲。我發現，她來諮商時，竟然只穿著一件過時的薄外套。她不是不冷，她一直發抖。於是我問她：「難道妳沒有衣服穿嗎？」被我這一問，她愣了一下，突然從夢中驚醒。

然後她告訴我，她已經很多年沒買衣服了，連小孩也是。生活如此無感，是因爲感覺被封閉了。

於是我提醒她：「別忘了妳有很多錢，妳不是沒有錢，妳有沒有想過，可以好好用父母給的錢，去照顧自己、照顧孩子，讓生活過得更好呢？」經我這麼一說，她恍然大悟，眼淚直接噴出來。

當下次再見到她時，她穿了一件全新粉紅色羽絨外套，臉上掛著淡淡的笑容。太好了，她終於學會了愛自己。

坐下後，她說：「上週談完後，我才發現不只自己沒衣服穿、連孩子也沒衣服穿，而且，我還發現家裡的棉被也不夠暖和。於是隔天就上百貨公司買新衣服、新棉被，雖然花了好幾萬塊，但穿著新衣、蓋著柔軟的新棉被，感覺好舒服、好暖和啊。這是我第一次感覺什麼叫做幸福。」

同時她很驚訝這麼多年來，自己竟然活得如此無感，不知道用錢來照顧自己。

我聽了很心疼。但為時不晚。愛自己，永遠不嫌晚。

看著她，我認眞地對她說：「現在起，妳有個重要的任務，就是學習自己當自己的好母親。不然，妳也無法成為孩子的好母親。」

她拚命點頭，知道我在說什麼。

如果要讓自己活得有感覺、感到幸福，我們必須停止批判自己。我們必須學會說「夠了」。大力「刪除」從小來自父母的負向批評與詛咒，如此才能「改寫」自己的生命腳本。

不然，一直抓著從小父母灌輸在我們身上的語言，這些語言就成了「詛咒」，變成她生命的全部，這就是她生命裡的「洞」。

最嚴重的匱乏，其實不是物質或金錢的匱乏，而是愛的匱乏。我深深體悟：匱乏的人，很沒有安全感，經常抓著人或緊抓著舊物不放，不會用好東西來討好自己。案主跟我母親一樣，都是囤積高手。她不只囤積金錢，家裡的舊家具、過期雜誌、雜物，堆積如山，她說她從客廳走到廚房都需經過「萬重山」。

跟我談了一年後，她終於開始清理家裡了。這個「斷捨離」是有意義的。很重要。

當你清理了「外在」，同時你也在清理你的「內在」。反之亦然。當你開始丟棄過去父母給你的「批判」語言時，於是你才會用「新的語言」跟自己說話：「我的存在是有價值的，我值得過好日子。」

除去了沒有用的舊物，於是你才能挪出新空間，放置自己心愛的東西。這個道理再簡單不過。

現在，透過內在與外在的斷捨離，她心裡的洞，慢慢填補起來了。

有一種愛，可以支撐我們走過生命困境

或許上天是公平的，當你失去一樣東西，就會得到另一個東西做補償。

有時候我在想：爲什麼我有勇氣活在「體制外」這麼久？爲什麼我可以如此任性地「做我自己」？

如果有答案，其中一個重要的原因，必定是來自我父親。

感謝上天，我有一個好父親。

是的，雖然我沒有一個好母親，但我卻有個好父親。

什麼叫「好父親」？「好」要如何定義？見仁見智。我想，只要有愛，發自內心愛孩子的，都是好父親、好母親吧。

一直以來，我都在說母親的故事。不明白的人，還以爲我從小就是個受虐兒。呵，不是的，其實我有個溫柔的好父親。讓我也來說說父親跟我的故事吧。

小時候家裡很窮，父親是個節省的人，印象中他不曾去看過一場電影。但縱使如此，有一件事他絕對不會省，就是買書。

父親喜歡閱讀，喜歡買書。家裡有一個書房，牆壁是排一整面牆的大書櫃，父親的書起碼上千冊。記得每次郵差送來父親郵購的書籍時，母親便立刻開罵：「一天到晚買冊（書），冊可以吃嗎？」從小失學的母親，無法理解「書中自有顏如玉」的道理，這很正常。

記得每個假日的午後，父親總是安坐在院子裡，安靜地看書，那是他一週裡最美好的時光。

而且重點是：父親自己愛看書，卻從不會強迫我們孩子看書。我真的很感謝他這點。我在想，如果當年他如一般父母一樣焦慮孩子的功課，一天到晚盯著孩子念書，那今天的我，絕對不會如此喜歡看書，甚至念到博士。

我喜歡閱讀，這大概來自父親的「遺傳」吧。父親身體力行，我從小耳濡目染，這樣的身教就是最有力量的教育。

父親對我的影響，不只如此。

念小學時，我功課不好，經常是全班倒數幾名。但印象中，父親從沒因爲我功課不好而責備我。

記得有一次，大概是小一的時候吧，我數學很差，永遠搞不清楚：三個蘋果跟兩根香蕉爲什麼加在一起要等於五，蘋果是蘋果、香蕉是香蕉，爲什麼要放在一起算？就像雞跟兔爲什麼要關在一個籠子裡般，叫人不解。

那時我的智力開發的很晚，可能因爲當時家裡窮沒讓我上幼稚園的緣故，我老是跟不上學習。一天晚上，父親從餐廳工作回來，在客廳餐桌上教我算數。記得當時不管爸爸再怎麼教，我還是聽不懂，後來父親索性翻出口袋裡所有的銅板，一一數給我聽，如何加、如何減。他很有耐心，沒有一點不耐煩的情緒。倒是一旁的哥哥，早已失去耐心地說：「厚，眞是白癡。」

小時候功課不好，父親並沒有少疼我一點。印象裡，我總是被接納、包容，那是無條件的愛。

父親的包容到什麼程度，我再說個故事。

上了國中，因一位好老師的鼓勵，我的成績突然間「突飛猛進」。考高中時老媽跟我說：「如果你念高中就要考大學，念大學要很久、要花很多錢，家裡恐怕沒錢給你念，如果你念大學就要自己想辦法籌學費。」

當時善良體貼的我，選擇去考五專，因爲那時專科學校有所謂建教合作，畢業後就直接有工作。

但人算不如天算。考上五專第一志願，一進去，我馬上就發現：「這不是我要的。」我跟「電」根本不來電。當時我很不快樂，每天上學就像要被刑罰一般，痛苦不堪。

後來，我打電話回家，跟父親說我不想念，我想休學。父親聽了，沒說什麼，只回我：「那你就回來吧。」不久，我就休學了。在那個學校，我總共待不到一個月的時間。

回想起來，這是我人生中很重要的經驗與印記。

這件事對我有兩個重要的意義：一是、我開始有能力爲自己的人生做選擇、做決定。當年的我，才十六歲。二是、父親很尊重我的選擇，這份「允許」與尊重，奠

定了我日後「做自己」的本錢。

父親給的愛，不只如此。

後來我到北部念大學、研究所，每次放假回台中時，一進門，爸爸總先問我：「餓不餓？」然後二話不說立刻跑到廚房下麵條給我吃。每一回，一邊吃著父親煮的大滷麵，父親就在一旁看著我吃、跟我聊天，那個溫馨時刻，是我心中最美好的回憶。

那時在家時光，父親叮嚀我的，都不是你要用功念書之類的話，而是你要好好照顧自己的身體健康、作息要正常。你看，**這樣的語言所給出的訊息、自然叫我明白一件事：原來，我「這個人」比我的「成績」還更重要。**

每當我要離家回學校時，爸爸總會打開抽屜，從鐵盒裡拿出零錢給我坐公車，然後，爸爸會陪我走到公車站等車。這期間，我們沒多說什麼，父親只是反覆說著：「你要保重，注意健康」之類的叮嚀。但那樣的話語，卻一路溫暖我心回到台北。我猜，我生命裡某些安穩，是這樣來的。雖念到研究所畢業，但退伍後我並沒有做所學相關的工作，只因參加了義務張老師訓練，突然對心理諮商產生興趣，因此退伍後就找了一個性質類似教育輔導的工作。我是一個任性的人。但父親依然沒說什麼，他尊重我的選擇，那份信任，始終如一。

在機構工作做了五年，充實又忙碌，一切看起來似乎都相當順利，但有一天，我發現自己越來越不快樂，這裡離我想做的諮商的路，越來越遠。於是，我遞出辭呈，離開了別人眼中收入好、環境佳的「好工作」。

離職一個月後，我才回家跟父親說，我辭工作了。父親依舊沒有擔心、沒有責備，甚至還說：「沒關係，不快樂就不要做了。」最後，父親還補上一句，這句話是讓我後來安心走上心理助人工作者的最大動力來源。父親說：「人要做自己喜歡的工作才會快樂。人生，快樂最重要。」

這就是父親這輩子給我最大的禮物——無條件的支持、包容與接納。這個背後，是很深很深的愛與信任，我知道。這份愛，滋養著我的生命、支撐著我的人生，讓我如今可以成爲一個有生命力、有主體性的心理助人工作者。

寫這篇文章是想讓天下所有作父母的明白一件事：你爲孩子所做的事中，唯一能留在孩子心中，讓他一輩子感恩不忘的，絕對不是你賺了多少錢，給孩子多少物質或你多有成就，而是，你曾經對他所做一件事、所說的一句話，那個看似「小小的善意與關心」，才是孩子心中最珍貴的寶物。

在那些看似「微不足道」的小事裡，孩子領受到你的愛，這份愛足以支撐孩子，讓他走過人生的困境，這其實才是你給孩子最好的禮物。

所有孩子要的，其實很簡單，就是這份愛與關心罷了。

可惜很多父母不明白，一天到晚忙不停，忙工作、忙賺錢，把自己搞得灰頭土臉，最後根本無力好好陪伴孩子。這根本是本末倒置，眞是可惜啊。

臣服、接受生命，但不認命

看了上面我寫父親的故事，我想有人不免心中悵然、若有所失，心想：「爲什麼我沒有這樣的父親陪伴呢？」

每逢父親節、母親節這兩個節日，對有些人而言，簡直是災難。我完全理解。對多數人而言，如果你有個愛你疼你的父母，在這個節日對父母表達感恩之情是多麼溫馨的事。但是，我眞的明白，對有些人而言（我不知道是不是少數），過這樣的節日，簡直是「在傷口上灑鹽」。

每年此時，總要被提醒一次：「我沒有一個好父親、好母親」。看著別人家裡闔家團聚，買鮮花、切蛋糕，溫馨慶祝的畫面，心中眞有如刀割。

其實，我們又何嘗不想跟父母溫馨過節？但是，人生就是這樣，很多事不是你想要就能得到。

如果你沒有一個好父親（母親），很遺憾，我不想安慰你，但我想告訴你，這件事不是你能選擇的，這也不是你的錯。**你只能：接受、接受、接受。請不要爲難自己。**

請不要把自己陷入一個「受害者」、苦命小孩的悲劇角色裡，請學會愛自己，這是你的人生功課。**自哀自憐，絕不會讓你的人生變得更美好。**

請相信，上天自有安排。學會臣服、學習接受生命，但不要認命。

沒有一個好父親（或好母親）不代表你的人生就完蛋、這輩子就注定永遠跟幸福絕緣，沒這回事。

如果，你有個好父親，那就好好感恩，趁這個節日告訴他，他曾做了什麼對你深具意義。你要說出來，他才會明白，才會「看見」自己作爲一個父親的價值。

「說出來，讓他知道」，這就是你給父親最好的父親節禮物（不敢說、就用寫的）。這比起你送他昂貴的電動按摩椅、請他去高檔餐廳吃大餐都要來得實用珍貴。

當然，如果你沒有一個好父親（或好母親），那怎麼辦？沒關係。If not, then

not，如果沒有，就算了。接受吧，不然能怎麼辦？

以後，在每年的父親節或母親節這一天，與其呆坐哀怨，不如好好陪伴自己，帶自己出去玩吧。如果父母從來沒帶你去坐過旋轉木馬、雲霄飛車，那你就帶自己去，讓自己玩得開心。

今天起，請你「自己當自己的好父母」。如此，你就擺脫了命運的捉弄。當你拒絕當一個怨天尤人的受害者時，你就成功超渡自己了。

眞正的慈悲

眞正的慈悲，不是一味的行善救人，
眞正的慈悲，是如實接受自己的內在陰影。

不敢面對自己內在陰影的善行，並不是慈悲，
那是爲了掩飾良心不安，把善行當作「麻醉劑」的逃避行爲。

眞正的慈悲，是從你對自己的慈悲開始，
當你可以全然地接納自己，不管好的、壞的，統統「照單全收」，

如此，不否定、不批判自己，就是對自己慈悲了。

現在，當我遇到一個人，口出惡言、用負向的語言去批評他人時，
當下我會很心疼他，不像從前的我、情緒立刻受到影響。
因爲我知道，這個人他對他自己，一定更加嚴苛。

現在，當我的案主在我面前否定自己、批評自己時，
除了同理之外，我會邀請他去看看「那個聲音是從哪裡來的？」
不用說，大多數都是「複製」童年時「父母對我們的批判」。

語言，是學習來的。慈悲也是。
當我們無法從父母身上學到慈悲時，
自然我們也無法慈悲善待自己。

現在起，我們最大的功課是：
重新學習以「新的語言」取代過去父母給我們的「負向語言」。
以「接納取代否定」，以「欣賞代替指責」，
悅納自己的內在陰影，不逃避、不否認，
如此，我們便善待了自己。
這才是眞正的慈悲。

第二章
擺脫暴力陰影，
拯救自己的內在小孩

暴力從來沒有真正的過去。
如果無法把家暴經驗認回來，
你將繼續活在暴力的陰影裡，一輩子惶恐不安。

不要繼續當受害者

如果你有一個不完美的父親、不完美的母親，
如果你有一個讓你痛苦的家庭，
如果你有一個辛苦的童年或創傷經驗，
記得，這些統統不是你的錯。

爲今之計，
就是面對它、好好療癒自己，
不要讓別人在過去給你的痛苦，繼續延伸到未來，
不要讓別人的錯誤，成爲你一生的負擔。

如詩人魯米所說：「當你接受你被給予的困難時，門就會敞開！」
通往天堂的路，就是打開祕密的傷口，勇敢迎向它。

不要讓自己一輩子活在「受害者」的框框裡，
每天自哀自憐、痛苦不堪，
不值得，
爲那個傷害你的人，日夜折磨自己，絕對不值得。

家暴是很痛、很痛的家庭祕密

家庭暴力，是一個很痛、很痛，痛到叫人無法呼吸的祕密。沒被家暴的人，肯定不會懂的。

小時候，如果你曾經被打的很慘、被家人性侵、被冷落疏忽或被惡毒的言語攻擊，這些都算是家庭暴力。

在「家醜不可外揚」的文化裡，更加深了暴力的存在，很多被家暴的孩子、不能說、也不敢說，因爲：第一、說了也沒人相信。第二、說了只會被打的更慘。第三、別人會認爲：一定是我不乖，才會被打，活該。第四、他們也無可奈何，只會叫我忍耐。

於是，受暴者只能待在暴力關係，繼續噤聲、受苦，十分無奈。

遭受暴力的孩子，雖然痛恨父母，但有時更痛恨自己：「一定是我不乖、才會被打」。解離、自我扭曲、自我嫌棄，這大概是很多經驗暴力者的狀態與經驗。

日前，私塾裡有人勇敢「出櫃」（come out）了。

對我而言，「出櫃」不僅是同志性取向的出櫃，所有說出「不可告人、被壓抑痛苦經驗」的祕密，都是一種出櫃。

出櫃，是生命自我救贖的開始；出櫃，需要極大的勇氣。

當小蓮說出從小被家暴的故事時，大家睜大了眼睛，這情節簡直比電視劇的劇情更加驚悚。

從小她就經常無緣無故被父親打，沒有理由的。直到上高中，每天都還是「傷痕累累」的去上學。

有一次，同學憐憫她，鼓勵她向社工求助，於是小蓮鼓起勇氣打電話給社工。後來，社工介入了，打電話給小蓮的父母，但父母很會演戲，對社工說：「我們怎麼可能打小孩呢？她是我們的心肝寶貝、我們疼她都來不及呢。」小蓮在旁邊，嚇得直打哆嗦。一掛完電話，小蓮那晚就慘遭更巨大的一頓毒打，而且連續一週、天天被打。

後來、社工再介入，要爸爸不能打小蓮。結果、當然更慘。

爸爸對小蓮說：「不能打妳是不是？好，不碰你身體……」憤怒的爸爸當場摔爛她的CD音響，讓她以後不能再聽音樂。你要知道，活在暴力中的小蓮，音樂是她唯一的慰藉。

不只如此，只要是小蓮喜歡的東西，爸爸統統摔爛、剪破，像是衣服、洋娃娃，甚至棉被。甚至，有一天她放學回家，一進房間，發現她房間的東西（衣物、書籍）統統不見了，統統被爸爸用大塑膠袋裝著，丟到資源回收了。

這是極大的暴力與虐待。故事聽到這裡，每個人都紅了眼眶。但故事還沒完。

小蓮說，爸爸經常會半夜突然踹開她的房門，衝過去不分青紅皂白的，就痛毆她一頓。因此，小蓮到現在還會經常半夜驚醒、全身顫抖不已。

她已經很久沒法安穩睡覺了。這幾年，她都是靠安眠藥、抗憂鬱劑在過日子。

你一定會說，這個爸爸簡直是變態！是的，沒錯。這個爸爸是頭受傷的野獸。他瘋了、生病了。但家人生病，吃藥的卻是小蓮。

昨晚小蓮勇敢出櫃，邊說邊哭，身體依然不時顫抖著，但即使再恐懼，也要把故事說完。那一刻，她是勇士。

說完故事，我不知道要如何回應小蓮，此刻，再多的言語、再多的安慰，都是多餘的。

於是，我邀請小蓮站到團體中間，對在場夥伴們說：「如果你曾經也遭受過被暴力經驗，可以同理小蓮的痛，請你站出來，好好擁抱小蓮，同時，順便也把曾經遭受過暴力的自己給擁抱回來。」

我特意強調：「這個擁抱，不是出於同情，而是出於愛與疼惜。」（請不要輕易去可憐別人，別人不需要你的可憐。）

接著，一個一個婦女紅著眼眶、含著淚水，在蔡琴優雅的歌聲裡，一一去擁抱小蓮，更去擁抱自己內在那個曾經受傷的小孩。在深深的擁抱裡，我們把過去受傷的自己給認了回來。

這是一個神奇的療癒之夜。在這裡，沒有多餘的安慰語言，沒有同情的眼光，只有深情的擁抱。在彼此的凝視裡，有著深深的理解與被理解，那是一種很深的「同理」。

接受完大家的擁抱，小蓮深深地跟大家鞠了三個躬，才回座。

回到座位，她緩緩開口了：「我從來沒有被父母擁抱過，就在剛剛大家的擁抱裡，我經驗到一種前所未有的平安。現在我感覺很平靜、很踏實，原來這就是被愛的感覺。」說這話的小蓮，臉上展露出前所未有的放鬆。其實她很漂亮的。

這一晚，在小蓮的故事裡，讓我們看見並擁抱了過去受傷的自己。原來，大家都受過傷，我們並不孤單。

請大聲說：是的，我是

請你，勇敢承認自己受傷。
勇敢大聲說：
「是的，我受傷了。」
「是的，我是家暴兒，我被家暴了。」
「是的，我的父母不是好父母，他們生病了。」

唯有把這些「殘酷的事實」、一一認回來，
於是，你才能走出家暴的陰影，

於是，你才能從暴力的黑洞裡、爬出來，迎接陽光。

「改寫」家暴故事，請先改寫過去父母對我們的暴力語言：
「是的，我不是壞小孩。我被打，不是我不乖。」
「是的，我被性侵，但那不是我的錯，我一點都不髒。」
「是的，我的家庭不完美，但我還是值得被愛的。」

透過這樣的宣告，
會讓你從暴力的陰影中，抬頭挺胸地走出來，
從此你活得光明磊落，不用再躲躲藏藏了。
最後、請你記得，
不管你曾遭逢多少暴力或糟蹋，
都無損於你生命一絲一毫的尊貴，
你依然是那朵潔白的百合花，你依然是個高貴的靈魂。

眞的可以跟父母實話實說嗎？

一早打開信箱，收到一位讀者的來信，她說：

周老師，朋友介紹我看你的書《擁抱不完美》，當我看第二章寫到你母親的故事時，就潰堤了，邊看邊哭，你完全同理到我了。我也有這樣的母親，她的脾氣很暴躁，從小我活在她的情緒暴力中，敢怒不敢言。

有多少次，我都在幻想：如果她能從這個家裡消失該有多好。但這個想法卻讓我更痛苦，我覺得自己很不孝。

周老師，我很想跟你一樣，去跟母親說實話，讓她知道：全家因爲她，每個人都活得很痛苦。但是，眞的可以這樣跟父母說話嗎？難道這樣不會引爆更大的炸彈嗎？我很害怕、痛苦，卻又無計可施……

看完這封信，我長嘆一口氣。有這樣的母親，有如活在深淵地獄般，叫人痛苦萬分，那種無計可施的無奈，我十分理解。

深深吸一口氣，心中默唸著《零極限》的四句話，我安靜地回覆這位讀者：

親愛的朋友，感謝你來信跟我分享你的故事及恐懼。在母親情緒暴力下過生活，這是一件痛苦萬分的事，我完全理解，小時候的我，也是如此。

你敢來信跟我分享你的故事，你很勇敢。但我更欣賞你內心冒出的小小「念頭」——你想去跟母親說實話，這是個了不起的「突破」。雖然我也知道，你心中必定充滿了恐懼，這很正常。

你知道嗎？有時施暴者就像一頭受傷的野獸，到處攻擊人。但他不知道自己是野獸，更不知道這樣做會讓家人受傷難過。他沒有自覺，而且，無法控制自己的情緒。

長期處在情緒暴力下，讓我們身心傷痕累累，心裡留下巨大的陰影，人會變得退縮、不自信。於是，你不敢對「野獸」說實話，怕激起他的憤怒，反過來咬你一口。你的擔心，是正常的，絕對可以理解。

當然，我的經驗不一定適合你。老實說，就算講眞話也不一定能改變父母，但如果你有這個念頭，我會鼓勵你試試看。因爲，**說眞話不是爲了改變父母，說眞話，其實是爲了改變自己**。

當然，說眞話是有風險的，是必須付出代價的。這很正常。請問人生有哪一件事是不冒險呢？爲了美好的人生，付出一點代價是必須的。

一旦我們開始「實話實說」時，我們就改變了「家庭動力」。

當你打破了長久以來僵化固定的家庭溝通模式，這對權威者而言，是極大的威脅。他們也會恐懼的。

他們怕無法繼續控制你，所以可能會用更大的情緒來反擊。如我書上說的，當我跟我媽說眞話以後，她也是強力反擊，但那又怎樣？別忘了，你已長大了，你有力量了。

當然，不是每個父母都會生氣反擊，這只是做最壞的打算。有些父母，會生氣可能是因爲他們愛面子，也可能是不知道「如何回應你的實話實說」，一時接不住你的話罷了。但不管他們如何反應，都不重要，**重要的是：你改變了，你敢說心裡話了。這才是重要的。**

「**請不要害怕讓父母生氣。**」我經常這樣鼓勵想說眞話的人。

如果你想脫離家庭暴力，你就不能猶豫退縮、繼續去討好那個讓你受傷的人。委屈絕對無法求全，請相信我。

請正視自己受傷的心情、勇敢面對自己的痛，老老實實接受：「**是的，我受傷了，我很生氣。而且，我當然可以生氣。**」（請大聲說三遍）

如果你受夠了，想改變，那就勇敢豁出去吧。既然都「無計可施」了，那就試試這個新法子，反正有沒什麼比這更糟糕的了，不是嗎？

但要如何實話實說呢？以下幾點，敬請參考：

1　如果覺得直接面對面說有困難，那就寫信。寫信不必直接面對本人，可能會比較容易一點。

2 你可以實話實說，但請切記，盡量說「感受」、說「事實」，不要有太多情緒批判性字眼，如此會讓對方覺得你在指責他，他就會防衛、激怒反擊你。

3 當中如果有適度的「同理」會更好。你可以同理父母小時候也過得很辛苦，也被大人暴力虐待過，同理他們的傷。這樣的同理會讓父母回到自己童年受傷的自己，如此，他們也比較能去同理現在受傷的你。

4 請不要有過多的期待。每個父母都不一樣，請不要期待：你說了以後，父母馬上改變。別傻了。就算他們改變，也可能不是當下，需要一段時間。話雖如此，請不要洩氣。因爲你說眞話，不是爲了要改變他們，而是爲了你自己。因爲你要忠於你自己。

5 請務必做好心理準備。當下他們可能會反擊、甚至爆怒，這很正常，根本不用意外，這不就是他們的「舊模式」嗎？**請接受他們「就是這樣」。但重點是：你不一樣了。你敢說眞話，而且，你不再害怕他們生氣。**

6 如果對方失控、使用肢體暴力想打你，請記得要閃，不要傻傻的站在那裡讓父母傷害你。但也不要反擊。打父母，在我們社會的價值裡，再對都是錯。記住，要保護自己。你只要：清楚地把話說完，抬頭挺胸、轉頭就走，離開他們、遠離暴力。然後告訴自己：「我做到了，我很棒。」這就夠了。（這種情況發生的可能性其實很小，請不要先預設立場。但要有心理準備。）

7 最後請牢牢記住：「我已經長大了，我不是過去那個弱小的五歲小孩。」現在的你，是有力量的，切記。而且，父母也不是過去那隻強大的老虎，他們會老、利爪也會變鈍。請不要繼續活在過去的暴力恐懼想像中，自己嚇自己。

老實說，父母也需要被教育。**當你說眞話，打破了家庭規則，你就解救了自己，也解救了家裡每一個人。這就是教育父母。**

這幾年我做家族治療，當中我所做的事，就是讓來談的每個家人都可以：「實話實說」罷了。眞實就是力量，眞實就是治療。

當然，如果現在的你還做不到「實話實說」，也沒關係，那就等到自己有力量的時候，再說吧！不急。請接受自己的「限制」，請對自己「寬容」一點。

如果眞的說不出來，那就逃吧。有時，逃家是爲了保護自己，這不是「不孝」。

請辨識清楚，放過自己。

遠離暴力，先讓自己過得好一點，等到有一天，你有能量了，再回去「應付」父母的情緒與暴力。不急。

以上僅供參考，請依據自己家裡實際情況，選擇適當的因應方式。

眞心祝福每個在家庭暴力中勇敢受苦的你。

改變語言，就改變關係

你說巧不巧，就在我寫完上一封信，回覆讀者時，我馬上收到一位上週上課學員的來信。

她信上是這樣寫著：

周老師，那天下課後，我並沒有先回家。我一個人，找了一家優雅的咖啡廳，就靜靜地呆坐在那裡，沈澱自己。我想消化這兩天課程所帶來的衝擊。

突然間，我有一股衝動，很想寫信給先生，我想跟他說心裡的話。

於是，我跟服務生要了一張紙，用自由書寫的方式，奮筆疾書，不到二十分鐘，我就寫完了這封信。

信裡我告訴他，我很愛他，我知道他也很愛我。但是，他的愛卻讓我窒息。他很控制，一切都要聽他的，有時沒有耐心、脾氣不好，動不動就生氣，每次他大聲說話時，都會讓我害怕恐懼。如同小時候父親對我大吼大叫，讓我十分驚恐。

信裡，我跟我老公「實話實說」。我說我愛他，但跟他住在一起，心裡壓力卻很大，有時也很不快樂。當我把心中的矛盾與恐懼說出來後，感覺如釋重負。

寫完信，我搭捷運回家，特意在巷口的花店爲自己買了一束花，還買了老公愛吃的點心。回到家已經晚上九點了，要是在以前，我一定會擔心老公責問我：「怎麼這麼晚才回來？」但這一次，很意外地，老公並沒說什麼，還在桌上留一盤水果給我。

我把花插在花瓶裡，放在餐桌上，然後跟老公說：「我累了，先去洗澡睡覺。桌上給你買了點心。」老公正在看電視，只「嗯」一聲。於是，我就把點心、連同要給老公的那封信都放在餐桌上，然後回房。

洗完澡，躺在床上，我感到放鬆，卻也有點忐忑不安，心裡擔心「老公看我寫的信了嗎？看了會有什麼反應呢？」不過，我很累一下子就睡著了。

早上醒來，已快八點。我趕緊起床幫老公準備早餐，此刻，卻聽見老公已在客廳準備出門，並回頭跟我說：「早餐我買好囉，妳自己吃，我先上班了。拜拜。」

我心一驚。怎麼會這樣？辨識老公說話口氣，發現好像跟以前不太一樣。他沒有生氣耶。這是怎麼回事？

當我梳洗後，走出臥室，來到飯廳，餐桌上昨晚買的香水百合正綻放著，滿室花香。同時，也看到桌上擺著一份自己喜歡吃的三明治早餐，當然，還有一張紙，應該是老公寫的吧。

當下，我很忐忑，心都快跳出來。我慢慢地坐下來，拿起那張紙，看到上面寫著：

「親愛的老婆，感謝妳這麼多年來容忍我的壞脾氣，我真的很愛妳，我不希望妳害怕，我希望妳快樂。如果以後我說話太大聲時，請妳提醒我，我會盡量改進的。

「對了，晚上不要煮了，我們一起去永康街那家妳喜歡的日本料理店吃飯吧。

「愛妳的老公。」

看完信，我的眼睛都濕了。馬上傳line給他，跟他說我愛他，謝謝他聽見我心裡的話。

周老師，你沒有騙我們，真的可以「實話實說」耶。

我也很感謝自己，敢實話實說，這也解救了我的婚姻。

看完這封信，心中五味雜陳。我心裡有點悸動。

「改變語言，就改變關係」，這是我這些年做敘事最大的感觸。

原來，只要我們改變語言、改變回應的方式，不討好，也不指責，只要「實話實說」，好好把心裡的「感受」說出來，就好了。

改變其實很簡單。你缺的，只是行動罷了。

孩子要的，其實只是一聲：對不起

你有被媽媽拿著菜刀追殺過的經驗嗎？

媽媽鬧情緒，想上吊自殺，孩子卻被爸爸罵說：「都是你害的。」這對一個小孩而言，是多麼殘忍的指控啊。你經驗過嗎？

這不是電視劇的情節，這是上週私塾學員小麗的真實故事。

這故事，叫人聽得傻眼咋舌，有人更是當場熱淚奪眶。

如今，在這個場子裡，我們聆聽故事，彷彿坐著「時光機」（電影「回到未來」裡的時光機），回到當時被家暴的情境裡，把當時那個被傷的很痛、很痛，痛到無法呼吸的孩子給擁抱回來。

當故事，以一種充滿愛與慈悲同理的方式，被好好聆聽、穩穩地「接住」時，那個受傷的孩子，瞬間就被「看見」，同時也被撫慰了。

如果沒有被家暴過的人，請千萬別去告訴別人：「你的父母是愛你的。你怎麼可以恨她呢？」「天下無不是的父母」這類泛道德的話語，那就像一把利刃一樣，會再次深深刺痛從小被家暴、被虐待孩子的心。這樣勸慰的語言，是另一種暴力。

小麗過去也曾參加過不少心理成長課程，得到的回應，不是不痛不養的安慰（事情都過去了，不要想那麼多，你現在很不錯啦，不是嗎？），不然就是被批判否定（父母也有他們的不得已，你應該要體諒父母。怎麼可以恨父母呢？）

這樣的語言，對當事人絕對是「二度傷害」。

家暴會叫人「認知失調」「否定自己」，並讓當事人經常處在「混亂」的狀態中。甚至長大以後，不管你的成就有多大，依然會不斷地「自我懷疑」，總覺得自己不配，也不值得被愛。

那一晚聽完小麗的故事，有人說：「我被這故事療癒了。」有人說：「我再也不害怕說出自己的眞心話了。我必須承認我恨母親。」也有人說：「從小我一直懷疑自己爲什麼要活著，我一直找不到活下去的理由，但現在我知道了，我活下去的唯一理由就是：爲了把自己救回來。」

那一晚，原本是淒風苦雨的寒冷夜晚，結果，因爲這些掏心掏肺的故事，搞得大家熱血奔騰，個個淚流滿面。

說故事，是一種很親密的「行爲」。那晚，我們彼此揭開自己內在的傷口，讓彼此看見。我們擁抱了彼此的「內在小孩」，同時撫慰了彼此的傷口。

故事還沒完。

隔週上課，一位學員一來馬上就跑來跟我說：「上週三下課後，我立刻回去跟我兒子說對不起，請他原諒我。小時候他曾被我脫光衣服打得很慘，我眞的很對不起他……說完後，我就跟孩子緊緊地抱在一起痛哭。」

很佩服她的懺悔與實踐。愛就是最好的療癒。

其實，每個人小時候多少都有被家暴的經驗，如果，父母可以好好跟我們道歉，說聲「對不起」，我們的傷、其實很快就療癒了。但可惜的是：大多數的父母，做不到，因爲面子比孩子重要，不是嗎？

我經常開玩笑說：「如果你們做不到跟孩子說聲『對不起』也沒關係，那就請你幫他們準備一筆錢，好讓他們以後來找我諮商或上我的課也行。」每次大家都聽得哈哈大笑。這雖是笑話，但也是實話。

要不，就現在道歉；要不，就準備一筆錢給孩子以後找心理諮商師療傷。兩個給你自己選，你選哪一個？小雅選擇「現在道歉」，這不僅「經濟實惠」，而且效果立即顯著。

回去跟孩子道歉的，不只是小雅，大雄也是。

大雄上週一回家，立刻打電話給在外面念書住宿的兒子，要他週末回家，他跟兒子說：「爸爸心裡有話要跟你說。」唉，光聽到這句話，就叫人熱血。

當時兒子正在打電動遊戲，一副滿不在乎的樣子，大雄本來很失望，但想不到兒子卻在週五晚上就奔回家了。

看到兒子回家，爸爸很高興，問兒子「餓不餓？」青春期的兒子長得高大又結實，大聲喊著：「好餓！」然後爸爸開心地帶著兒子到麥當勞吃漢堡、炸雞。

那一晚，父親爲孩子點了很多很多炸雞。

看著兒子狼吞虎嚥、痛快啃著炸雞時的表情，純眞又善良，大雄心裡想：「當年我怎麼狠心打他呢？」然後，他再也忍不住了，當場熱淚盈眶。

孩子嚇了一跳，問爸爸：「你今天怎麼了？怪怪的？」

大雄看著孩子說：「爸爸想要跟你說：『對不起』。」

此話一出，孩子嚇得把嘴裡的雞塊吐了出來。「你……你說什麼？」孩子再次確認。

「爸爸想要跟你說『對不起』，爸爸小時候打過你。對不起。」大雄再說。

孩子一時間沒回過神來，等回過神時，放下手裡的炸雞，眼淚就嘩啦嘩啦流了出來。十八歲的大男孩在麥當勞把自己哭得像五歲的小孩一般，如此眞性情，叫人感動。

最後，爸爸站起來，把孩子抱個滿懷，這兩個男人，就在人來人往的速食店裡，擁抱痛哭。你可以想像嗎？這是一個多美的畫面啊。

因爲小雅與大雄的故事，那晚大家都沈醉在美好的懺悔與愛的實踐裡。

下了課，走出戶外，台北的夜空難得出現星光，深深吸了一口氣，緩緩抬頭，望著夜空，我突然感覺，生命是如此美好啊。

「放棄」是個好用的人生智慧

「放棄指望過去會變好，這是一個很有用的觀念」。

再次讀《一日浮生》這本書，歐文・亞隆這句話緊緊地抓住了我。

日子越過越覺得「放棄」是一個很好用的人生智慧。

沒錯，放棄很難。因爲我們都執著。

但過多的期待，只會天天折磨自己。

痛苦，其實都是自找的。

邀請你，讓我們一起學會「放棄」吧。

放棄過去發生的事一定會變好；

放棄期待父母會「變好」、會「愛我」；

放棄執著「只要我夠努力，爸爸媽媽就會愛我、看見我」；

放棄期待「要是當初沒發生這種事就好了」；

放棄追求「我可以改變我周遭的人（我的孩子、我的父母、我的伴侶）」；

放棄「我應該完美，我要保持完美，不完美就完蛋」的信念。

放棄，讓你的生命不再僵化、執著於「某一點」。

放棄，讓你的生命重獲自由。

親愛的，你還有什麼需要放棄的嗎？

請拿起筆來，寫下來，再大聲唸三遍（向宇宙宣告），

然後把那張紙柔成一團，「丟掉」它（燒掉也可以）。

如此，你便提醒自己：放棄吧。

第三章
超渡自己，
療癒家庭創傷經驗

別讓過去的傷痛，阻礙你的現在與未來；
別讓過去的不幸，阻擋你的幸福與快樂。
現在該是你
超渡自己的時刻了。

做不到孝順，這不是你的錯

「原來，孝順父母不是唯一的眞理，更不是天經地義的事。」

學員小莉上完課後，大大地鬆了一口氣，只因我那句話：「要一個從小被虐待的孩子去孝順父母，天底下再也沒有比這更殘忍的事了。」她深深被同理了。

最後，她感慨萬千：「這句話，一針見血，打破我多年來的困惑與痛苦。我終於解脫了。」

生命的救贖，原來這麼簡單。只要一句話。一句可以打破「框框」、同理人的話，人就獲救了。

小莉的回應，引發大家的共鳴。於是我這才意識到：原來，有這麼多人被困在

「我應該孝順父母」的枷鎖裡，痛苦不堪。

於是，我接著多做了些解釋：

「你不覺得孝順父母這觀念是被建構的嗎？這是一種社會建構。」

「從小，不管在家裡、學校、媒體、教科書裡，我們無時無刻不被洗腦：長大以後應該孝順父母，這件事，不知何時變得如此天經地義、不容質疑。或許對大多數人而言，它是眞理，我同意。但對某些人而言，卻不是。如果這件事硬要套在每個人身上，就是壓迫，這樣的緊箍咒，會叫人痛苦萬分。」

請理解，不是每個父母都像你爸媽一樣愛孩子的，好嗎？

某一年母親節，我看到一篇文章，讓我有點火大。

那個故事說：作者念小學時，下雨天只要忘了帶傘，母親總會即時出現在教室門口。如果早上粗心忘了帶便當，母親也總會在中午前帶到學校，從不會叫他挨餓。當他行至中年，母親已去世，回憶過往母親的恩慈，叫他感慨萬千：「子欲養，而親不在」。最後，作者開始扮演起老師，教化讀者：「所以你們一定要孝順父母，以免子欲養，而親不在，後悔終生。」

每次看到這種文章，心裡很想罵人。

「對不起，不是每個人都像你這麼好命，有一個會幫你送傘、送便當的好母親，好嗎？」沒錯，是該孝順，但那個人是你，不是你的讀者，請搞清楚。

曾經一位個案告訴我：小時候上學，每次下大雨，看到同學的父母送傘到學校，她心裡都好羨慕、好羨慕。她說：「這種事絕對不可能出現在我身上的。」

有一天突然下大雨，雨下很大、很久，同學們紛紛被父母接回家了，學校裡空蕩蕩的，只剩下她一個人。她很孤單、很害怕，但心裡卻想：如果不早點回家，一定會被挨罵，於是淋著雨跑回家。

回到家，全身濕淋淋的，母親看見，不是安慰疼惜，而是立刻拿起藤條混身亂打，理由是：「要是妳感冒了，老娘還要花錢給妳看病。」請你告訴我，如果這是你的父母，你會寫出怎樣的文章來？你還會感激母親的大恩大德嗎？請將心比心。

請不要以爲這樣的父母是電視劇裡演出來的，不存在人間。在我的課程、諮商裡，比這個慘十倍的個案多得是。不騙你。

如果，你父母從小疼你、愛你，孝敬父母自然是「天經地義」的事。因爲愛是一種自然的流動，不是腦袋裡的教條規訓。人家怎麼對你，你自然會怎麼對人，這件事再自然不過了。

因此，孝順父母，不是「應然」，更不是道德、規範。當有一天，孝順父母成了一種規範時，這種孝順不叫愛，而叫「壓榨」、叫「控制」，這是扭曲的愛。

偏偏，在我們文化裡，多數家庭都是這種「扭曲的愛」。

「你要考一百分，媽媽才會愛你。」「乖乖聽話、長大以後要當醫生，爸爸才會喜歡你。」熟悉這樣的語言嗎？這是有條件的愛，其實也是「交易」，它不是愛。

「以愛之名，行控制之實」，這是許多家庭常見的戲碼。所以，待在家裡，人人感到窒息、個個都想逃家。這就是「家」之所以成爲「枷」的原因。

不管在東方或西方都一樣，我們的文化、教育或宗教信仰，都奉行著孝順父母這樣的「鐵律」，這個價值如此堅固、不容質疑，否則天打雷劈。

偏偏有一位西方心理學家，卻膽敢對這個「鐵律」提出質疑，她認爲這個觀念不是唯一眞理，甚至對有些人而言，根本就是「迫害」。

那個膽大妄爲的心理學家，就是《身體不說謊》的作者愛麗絲．米勒（注）。她是一位兒童心理學大師，曾發表過很多有名的著作，如《幸福童年的祕密》與《夏娃的覺醒》等，她根據自己的經驗及案例研究，深切的發現：童年受虐經驗對當事人的健康戕害極深，有時、就算內心否認，身體依然會洩露出祕密來。

沒錯，很多身體的疾病，其實都源自於心理，而且，跟童年的受虐創傷經驗有關。我二十年的諮商臨床經驗，也是如此告訴我。

在《身體不說謊》這本書裡，米勒分析了眾多著名作家與當代個案的病史，她發現：以孝順爲名的壓抑及虐待，對我們身心的戕害最深，叫人一輩子痛苦不堪。

對一個從小被虐待、缺乏愛、身心受創的孩子，長大以後卻依然要背負著「我應該孝順父母」，不然不孝的罪名，她稱之爲「黑色教育」。這絕對是「二次虐待」。

或許因爲米勒自己從小也是個受虐兒，從自身經驗出發，她發現傳統的心理治療對受暴者是幫不了多大忙的，因此她放棄以傳統精神分析方式去治療病人。她認爲，病人眞正的問題出在：**我們都被套在「孝順父母」的觀念上、無法掙脫**。因此，她開始對這根深蒂固的傳統價值文化，提出嚴重的質疑與批判。這就是後現代的「解構」。

當她提出這種「天打雷劈」的質疑時，想當然耳，立刻引來某些衛道人士的批判與攻擊，但儘管如此，她依舊忠於自己，勇敢發聲，出了很多書，幫助那些受困在「我不能怨恨父母，我應該孝順父母」的受虐者，走出人生的陰霾，獲得重生。

好生佩服愛麗絲．米勒的勇氣。她的研究及對傳統「孝敬父母」觀念的質疑，剛好跟我這幾年所做的故事療癒工作，不謀而合。很高興我們在做一樣的事。

是的，天下「有」不是的父母，請不要輕言寬恕。「請原諒自己的不能原諒」，「原來，我可以不喜歡自己的母親」，我的書《擁抱不完美》裡，給出這樣顛覆傳統觀念的故事，叫許多從小活在暴力陰影的朋友，終於解脫。

親愛的朋友，如果你依然在傷痛裡出不來，請你，安靜下來，看看愛麗絲．米勒的書，再看看我的《擁抱不完美》，好嗎？或許，從別人故事裡，你會看見自己，進而療癒自己，請不會再強迫自己去做違背心意的事了。

一切救贖，都來自於打破自己。打破舊思維、舊模式，打破從小被深深建構——應該孝順父母——的觀念。孝順，不是應該的事，而是自然的事，我們的教育都搞錯了。

如果你目前做不到孝順，請不要自責，這眞的不是你的錯。

注：

愛麗絲．米勒（Alice Miller, 1923.01.12 — 2010.04.14）是一位以關注兒童早期心理創傷及其對成年生活影響而聞名世界的心理學家。她顛覆了傳統的兒童心理觀點，提醒世人認識父母對兒童造成的侵犯，在歐洲引起重大回響。終其一生，她以激進的人本態度，希望還給孩子一個應有的成長環境。著有《幸福童年的祕密》《夏娃的覺醒》《身體不說謊：再揭幸福童年的祕密》等（繁體中文版於心靈工坊出版）。

說故事，療癒悲傷失落的良藥

麗雅第一次出現在諮商室時，很緊張，但臉上始終保持著微笑。

我看著她，親切地問候她從哪裡過來？然後就直接問她：「妳是不是很緊張？」

她很不好意思，好像被發現了什麼，立刻點頭說：「是啊，好緊張。」

於是我接著說：「緊張是正常的。我要是妳我也會很緊張。感謝妳在這麼緊張的情況下，依然老遠地把自己帶來，我很好奇：是什麼力量把妳帶過來的？」

通常第一次晤談，我都會這樣詢問來訪者。這不是公式化，我是眞心欣賞他們的勇氣。

麗雅吞吞口水，才吐出心裡的話：「我受夠了。我覺得自己很孤單，我不知道自己活著到底是爲什麼？我感覺被困在牢籠裡……」然後，她就忍不住掉淚了。

好不容易整理好思緒，她繼續說：「上個月我看到周老師寫的一篇文章，我被觸動了，就立刻跑去看那部電影《不存在的房間》，然後我就坐在在電影院裡，邊看邊哭……」

「爲什麼那部電影如此觸動妳？」我很好奇。

「裡面很多部分，都很觸動我，尤其是那位母親跟孩子的關係，他們兩人相依爲命，後來一起逃出來，很多情節我都很感動。」

「哪一個情節你最有感覺？」我繼續往下探。

「有一幕讓我很震驚，」麗雅睜大眼睛繼續說：「就是母親在浴室自殺時，孩子看見了，我想他一定嚇壞了。我在想，萬一他媽媽眞的走了，那孩子該怎麼辦？」

突然間，麗雅淚水狂奔。

「這讓妳想到什麼？」不用說，這一定是觸動到她自身經驗，我知道。

「我母親也走了，在我國小的時候。」她紅著眼睛說。

「她怎麼走的？也是自殺嗎？」如果是，我心裡就擔心了。

「她不是自殺。」她回。我鬆了一口氣。

擦擦眼淚，她繼續說：「她走得很突然。明明早上還好好的去市場買菜，中午回來腳就突然抽筋，不能走路。後來送醫，晚上我就被叫到醫院。我去的時候，醫生正在幫我媽急救、做電擊。隔夜，她就走了。」

「哇，這麼突然，妳一定嚇壞了。」連我都嚇到。

「是的，我不只嚇到，還嚇傻了，當時一點心理準備都沒有。我完全沒有感覺，連哭都哭不出來，一直到我媽出殯，我才勉強哭一下，因爲想說如果不哭，別人會覺得我很奇怪。」她訴說著陳年往事，卻宛如昨日發生。

這絕對是一種創傷經驗。

因爲那個創傷太巨大、太突然了，叫人感到震驚、動彈不得，所以在創傷的當下，人根本無法回應。接著便產生「解離」現象：人會否認事實、無感、無覺，換句話說，她整個人是「被凍住」的，在心理學會用 frozen 這個英文字來形容。

被凍住的人，不是眞的沒有感覺，而是壓抑了感覺。

其實在內心底層的「冰山」，隱藏著深深的悲傷、憤怒、沮喪等波濤洶湧的情緒。

如果這些情緒沒有給它適當的「出口」，人活著就像行屍走肉一般，無感、茫然、毫無意義感，對生命缺乏熱情，對工作沒有動力，活得很痛苦。麗雅就是這樣。

「妳跟媽媽的關係如何？」我想繼續聽故事。

「我是老么，也是媽寶。從小媽媽就很照顧我，什麼事都幫我做得好好的。我很依賴她，所以剛開始我根本無法接受她離開我的事實。在媽媽過世好幾個月之後，我才感到悲傷的。那時候，我常常一個人莫名其妙地哭出來，感覺好孤單、覺得自己很可憐。」麗雅說著，又哭了。

突然間，我懂了。懂了爲什麼那部電影，如此觸動到她。尤其是女主角自殺那一段。

顯然麗雅還沒走出母親突然過世的創傷黑洞。她們母女關係如此緊密，突然間頓失重心，那個小女孩，必定驚嚇不已。

而且不只是驚嚇，其實內在還有更多、更複雜的情緒，包括孤單、害怕、被拋棄的恐懼、憤怒等。當這些情緒如巨浪般襲來時，脆弱的孩子是擋不住的，因此必須先把感覺「關閉」，這是一種自我保護。這就是當時麗雅哭不出來的原因。

然後，我們麗雅從母親的猝死，談到現在與男友的關係。

她發現，她很需要有人關心，就猶如小時候母親照顧她、呵護她一樣。但男友總是神經大條，總是做不到她的期待，讓她很生氣，所以兩人一天到晚吵架，關係一直不好。

談完後，她也終於明白；原來自己一直都在「投射」。

她把男友投射成自己的母親，期待男友去扮演母親的角色來照顧呵護自己。但畢竟，男友不是母親，因此這個期待會一再落空，她也一直在失望與受傷中反覆循環。

最後，麗雅又談到自己的工作。

她在一家餐廳當廚師，她很喜歡現在的工作，我問她爲什麼？她笑著說：「因爲我煮的東西很好吃啊，客人都很滿意，經常還會有人跑來讚美我。」此時，她的臉上終於露出了陽光般的燦爛笑容。

「喔，妳的廚藝很好，跟誰學的？」我抓住這個「閃亮經驗」繼續探究。

「沒有跟誰學，我看一下就會了。」麗雅自信地說。

「哇，那妳眞有廚藝天分。」我很羨慕。

突然間，麗雅大叫起來：「不，我想起來了，應該是跟我媽學的。從小我就喜歡跟她去市場買菜，她做飯的時候，我總跟在一旁幫忙，我很喜歡吃我媽煮的東西，怪不得我喜歡做菜……」她恍然大悟。

「所以做菜的時候，就會讓妳想到小時候跟媽媽在一起的經驗，是嗎？」麗雅眼眶紅了，沒說話。

我繼續說：「而且，我發現，妳跟媽媽一樣都很會做菜，這讓我覺得，妳身上有一部分是『媽媽的部分』，媽媽已經把她的才藝『遺傳』給妳了，是嗎？」創造這個連結，對麗雅很重要。

「對耶，沒錯。」麗雅睜大眼睛，對這個發現，感到興奮。

我繼續加深「連結」。

「這麼說媽媽雖然走了，但其實她有一部分卻活在妳身上，妳繼承了媽媽的好廚藝、好本事，妳活出了媽媽的優點，是嗎？」麗雅的臉突然開朗了，宛如陽光一般明亮。

這是一個療癒的轉捩點。在故事裡，我創造了麗雅與母親的「新連結」。透過這個連結，讓麗雅看見媽媽「以另一種形式」，活在她身上、活在她的心裡。媽媽其實沒有死。

「原來，我喜歡煮東西吃，是想要回味媽媽的味道。原來，我身上遺傳了媽媽的好手藝。原來，媽媽一直沒有離開我。」她默默說著，臉上有一種透光的明白。

我順勢問著：「妳最喜歡吃媽媽煮的哪一道菜？」我想創造她與母親之間更深的連結。

她想了一下，說：「很多耶，譬如說：高麗菜炒飯。這道菜很簡單，我自己也常常煮，每次吃的時候都很開心，裡面有媽媽的味道。」

「喔，眞的嗎？那妳都是怎麼炒的？」我是眞的很好奇。

讓故事情節具體化、步驟化，會讓故事變得更加眞實、有力量。

「很簡單啊，就是把油爆香、放一點薑絲，先炒高麗菜，最後再把冷飯放進去炒。記得，此時火不要太大。最後再放點素蠔油炒一炒，這樣就很好吃啦。」她開心地說。

看著她的笑臉，我回應：「妳知道嗎？剛剛妳說這話的時候，臉上散發出一種自信迷人的光彩，整個人都亮起來了。」

「眞的嗎？」她聽了更開心。此刻，她是一朵盛開的玫瑰。

最後，我對麗雅說：「感謝妳今天教我怎麼做高麗菜炒飯，下次我一定試試看。我很羨慕妳遺傳了母親的好手藝，我想，這也是母親給妳最好的禮物，是嗎？」麗雅點點頭，淚水在眼眶裡打轉。

我乘勝追擊：「我發現，雖然母親過世了，但其實她一直都沒有離開過妳，妳身上有一部分是母親的，這個事實，誰也奪不去。透過做菜、烹飪，讓妳跟自己母親產生了親密又緊密的連結，這點很叫人羨慕。母親是用這種方式，一直守候著妳的，是嗎？」此話一出，她又淚流滿面了。

晤談結束，麗雅離開時，整個人都放鬆了。我很喜歡這次的晤談。

麗雅的故事，也叫我突然想起，小時候我母親也很會炒高麗菜飯的，那個高麗菜的甜美滋味，我依稀記得。我覺得，有一部分的我，也被這個故事給療癒了。

於是我決定，等一下要去超市買一顆高麗菜回來炒飯。我也想找回某一段來自母親身上的美好記憶。

超渡恐懼，安撫自己內在那隻黑狗

我喜歡走路，尤其在傍晚時分，我經常在自家旁的河堤公園散步。

有一天，書寫完，剛好近黃昏，關上電腦，我換上短褲跑鞋，出去慢跑。

今天的夕陽很美，紅統統的大餅就掛在河堤的橋邊，迎著風，我緩緩地沿著岸邊跑下去，享受著恬靜的時光。

不到半小時，來到一處綠色大草原，我很喜歡這裡，不但視野遼闊，綠色草地上還到處開著小黃花，甚至還有紅嘴鳥兒在上面玩耍跳躍著。當然，裡面也躺著幾隻野狗。

大部分時候，狗是安靜的。靜靜躺在草地上，一動也不動，彷彿是草原的一部分。

就在一切都很安靜和諧的時刻，突然間，有一隻黑狗站了起來，大聲咆哮。牠離我大約二十公尺，我立刻警戒。當發現狗不是朝我吠時，我安心了。

那隻黑狗正朝著我左前方狂吠。循著方向，我找到牠所吠的目標，原來，有個人牽著一隻哈士奇正跑過來。

我深知狗的，牠狂吠是在維護牠的地盤。

但我也觀察到，草地上起碼還有六七隻野狗，卻只有這隻黑狗站起來狂吠。當這隻黑狗瘋狂叫囂時，其他的野狗不是抬起頭望一下而已，不然就是一動也不動，繼續躺在草地上睡大覺。

最後，這隻黑狗甚至還狂衝過去，對著哈士奇大叫特叫，彷彿有著深仇大恨一般。牠那張牙舞爪、近乎歇斯底里的瘋狂狀態，很嚇人。但我也看得出來，那隻黑狗狂叫的背後，似乎有著巨大的恐懼。

「你怎麼了？」當下我心裡這麼問著。

面對同樣的情境，別人都沒事睡大覺，怎麼就你如此驚恐不安呢？

每個人面對外在的「反應」都不同，但每一種反應方式的背後，都藏著一個故事。我如此相信。

甩掉那隻黑狗，我繼續跑著。突然，腦海裡冒出一個畫面，我想起一位個案，她的「反應」，就像這隻黑狗一樣：敏感、憤怒、攻擊、歇斯底里。

她是一位中年婦人，長得很清秀，見到我總是客客氣氣地。

有一次，當我問她：「這禮拜有發生什麼故事嗎？」她突然豎直身體，整個背僵硬，面容緊繃，開始忿忿地說，她這禮拜跟老公吵了一架，很生氣。

她說明生氣的原因：有一天她跟老公從外面回來，上電梯時，剛好有一個女士進來，因爲是新面孔，老公就好奇地問對方住幾樓？對方也禮貌回應，說是新搬進來的鄰居。然後兩人就寒暄幾句，那位女士到四樓就出電梯了。就這樣。

等到女士一走出電梯，不得了了，案主立刻鐵青著臉，狠狠地瞪著老公。然後，一進到家門，她就開始大聲咆哮：「不認識人家，你也跟人家講話，你是不是對她有意思？」（就是那隻黑狗的樣子。）

面對指控，老公極力否認，一直說「不是」，想安撫她，但沒有用的，她的情緒高亢，完全聽不進去。結果，老公被她逼煩了，逃到房間裡、鎖門，不再跟她說話。

婦人說，這不是第一次。這樣的戲碼，從結婚以來，就一直反覆著。

任何時候，只要有女人靠近老公，對老公和善一點，或老公多看對方一眼，她就立刻受不了了。馬上腎上腺素激增，整個情緒爆發、失控。

「我也不想這樣啊，但我就是無法控制自己。」婦人自己說。

其實老公很愛她，也很疼她，平時對她更是百依百順。

「那你自己怎麼解釋這個狀態呢？」我問。

婦人想了很久，才緩緩地道出：「難道這跟我母親有關嗎？」

「怎麼說呢？」我邀請她說故事。

她立刻紅了眼眶，把背靠著沙發上，沉思起來。

許久，她才緩緩說出自己原生家庭的故事。

原來小時候父親外遇，那時母親經常憤怒地跟父親大吵大鬧，同時，母親還把情緒帶給孩子，她經常莫名其妙被罵，當時活得好驚恐。

她說小時候看到爸爸媽媽吵架，每次都害怕的不得了，甚至曾躲到衣櫃裡一整天都不敢出來。在家裡，她心中充滿恐懼，害怕母親生氣，害怕父母會離婚，害怕自己的家從此破碎了。

父母爭吵了兩年，最終還是離婚收場。但說也奇怪，當父母決定離婚的那一刻，她突然感到鬆了一口氣。以前擔心家庭破碎的焦慮，卻一點都沒有。

喔，戰爭終於結束了。卻沒想到，另一場戰爭卻正要開始。

離婚後，母親每天以淚洗面，抱怨自己命苦，嫁給這個壞男人。每天聆聽著母親的抱怨，叫她痛苦不堪。後來母親的脾氣就越來越暴躁，動不動就罵人，家裡每個孩子都怕她，盡可能躲她躲得遠遠的。

「所以你也會害怕自己的婚姻像母親一樣——丈夫外遇，是嗎？」

「沒錯。我很害怕，萬一我老公有女人不要我了，那怎麼辦？」婦人終於找到了答案。甚至，她還發現：自己的焦慮情緒，以及她對老公暴怒的表現方式，竟然完全跟母親一、模、一、樣。天啊。

「怎麼會這樣呢？」她張大眼睛，連自己都感到訝異。

就是這樣。**如果我們沒有把自己從當年母親的情緒暴力中解救出來的話，就會不自覺地去「複製」母親的情緒模式，最後，甚至還會重蹈覆轍母親的生命腳本。**

最後，我提醒著婦人：「妳是妳，她是她。而且妳老公不等於妳過去的父親。

妳也不等於妳母親。不是嗎？」接著，我讓她說更多的故事，去辨識老公與父親的差別，更辨識自己與母親的「不同」。藉此，幫助她與父母「劃清界線」。

當然，最後還得辦一場「超渡」法會。那個小時候活在父母爭吵中恐懼的自己，以及受到母親情緒暴力被驚嚇到的內在小孩，都得好好的擁抱回來。

如果不去超渡當年那個驚恐的「內在小孩」，人將一輩子驚恐不安。同時，她也會在自己的婚姻裡，「投射」當年的恐懼——一天到晚擔心老公會如老爸一樣外遇。如此，我擔心她的恐懼將會毀了她的婚姻。

最後，我發自內心地對婦人說：「請珍惜現在的幸福，記住妳有一個好老公，而且他不等於你父親，千萬別把自己老公給逼走。」

下次，當內心那隻黑狗又跑出來狂吠時，你只要去抱抱安撫牠就好，然後，溫柔地問牠：「你怎麼了？」千萬別讓那隻黑狗毀了你的幸福。

家人生病，我一定要跟著一起受苦嗎？

當家人生病時，我們就一定得跟著一起受苦嗎？

偉民有一個四歲的兒子，患了白血病住院，家裡遭逢巨變，全家的生活瞬間變了樣。太太爲了照顧兒子，辭去工作，幾乎都住在醫院裡，以醫院爲家。

偉民是家裡唯一的經濟來源，需要上班，他只能在假日時去醫院探望孩子老婆，平時下了班回到家，他總是孤伶伶的一個人，感到既悲傷又寂寞。

他告訴我：自從孩子老婆都在醫院以後，他的睡眠品質就很差，常常半夜醒來，睡不好。

看著他的黑眼圈，想必也是。叫人心疼。

「你是擔心孩子，才睡不好的嗎？」我理所當然的這麼認爲。

「是的，不過……」他吞吞吐吐、欲言又止。

「不過什麼？除了擔心還有什麼嗎？」我跟蹤他的語言。

悶了半天，他才緩緩道出：「我內在經常有一種莫名的罪惡感。孩子生病了，我卻什麼都不能做。至少我老婆還在醫院裡照顧孩子，而我呢？我卻什麼都不能做。每天上班下班，回家跟平時一樣過日子，感覺我沒有盡到做爸爸的責任。」

然後，他接著說：「我晚上睡覺時，都要開著燈。」天啊，這樣當然嚴重影響睡眠品質。

我問他：「開燈睡覺是你的習慣嗎？」他說不是。

然後想了半天，又吞吞吐吐地說，他內在有一種聲音對他說：「孩子生病了，你怎麼可以一個人安心睡覺呢？」

看著天花板，他嘆了一口氣：「每當我睡得好時，醒來後都很有罪惡感，覺得自己很自私，丟下生病的孩子，還有在醫院辛苦照顧孩子的老婆。」

喔，原來如此，我懂了。

他睡不好覺，除了擔心孩子的病以外，原來更多的是原因是：「罪惡感」。真相大白。

這種「倖存者」的心態，不難理解。家人就是要「有福同享、有難同當」嘛，我怎麼可以「置身事外」、獨自享樂呢？這是「背叛」家人，罪惡感是這樣來的。

爲了對家人表現「忠誠」，與家人「同在」、不能背叛家人，於是我們會不自覺地選擇：「不讓自己過好日子」。這是潛意識裡的東西，跟我們的文化有關。我們的文化，總叫家人的情感糾纏不清，這絕對可以理解。

雖然可以同理他的心情，但我們終究還是要回到現實，不然跟著家人一起受苦，恐怕兩頭輸，得不償失。

於是我問他：「長期睡眠不好，對你的工作與生活有什麼影響嗎？」我把他抓回到現實。

「隔天精神會很差，注意力不集中。」還好他有自知之明。

「這樣會如何影響你的工作呢？」

「工作效率當然不好。」他接著說：「最近我常被老闆盯，現在連我的健康也都出現紅燈，常常頭昏耳鳴。」

長期有睡眠障礙的人，很容易出現焦慮、注意不集中等身心症狀，這也是他來找我談的原因。

看著他，有點心疼，我繼續問：「如果有一天你因爲工作效率太差被炒魷魚了，或是哪一天你也病倒不能再工作了，請問你孩子怎麼辦？誰來賺錢給孩子治病？」

他睁大眼睛，忽然被電了一下。

我趁機解釋：「我可以理解你關心孩子、愛孩子，很希望能爲他做點什麼的心情。但請理性辨識，自己眞正能做的是什麼？現在，你必須跟你太太『分工合作』才是。不是嗎？」

「分工合作？」

「是的，分工合作。在醫院照顧孩子是太太的長項與責任，而你的長項與責任是：好好上班賺錢養家，如此你太太才能無後顧之憂，不是嗎？如果你也病倒了，難道你要你太太也來照顧你嗎？你要成爲你太太的負擔嗎？」

他微微張開口看著我，似乎懂了。

停了一會兒，我又說：「睡不好不只會影響你的工作，更會嚴重影響你的健康。

請問，當你去醫院看孩子時，孩子希望看到的是神采奕奕的爸爸？還是無精打采的爸爸？你希望帶給孩子的是『快樂的樣子』，還是『愁眉苦臉的樣子』？」

他更加清醒了，連忙說：「我知道了。」

其實，家人生病不是你的錯，沒有人會希望發生這種事，擔心家人是正常的，但也要適可而止。**你可以「關心」家人，但請不要「擔心」家人。請分辨這兩件事是不一樣的。**

過分擔心，對家人的病情無益，擔心只會讓你更加焦慮，你的焦慮就會影響到周遭的人（尤其是家人），叫全家都陷入更深的絕望與沮喪中。這個事實，我們得明白。

面對家人的病痛，有時適當的冷靜與理性是必要的。

你可以問問自己：「家人生病時，我可以做些什麼呢？」然後就去做你能做的部分，這樣就好。我們得設「停損點」。不是跟著一起「陪葬」自己的健康與快樂。相信家人也不見得樂見你如此，此乃不智之舉。

一個月後，當他再出現到我面前時，幾乎變了一個人。不但精神好很多，氣色也變得紅潤了。我很替他高興，好奇地問他：「你怎麼做的？」他笑著回我：「因爲我現在睡得很好啊。」

原來上次談完後，他想通了。他明白了：讓自己身體健康，才能好好工作賺錢養家，這就是他做老公、做爸爸的責任。

他說：「我知道其實很多事的發生都不是誰的錯，孩子生病也不是我能控制的，我只能去做我可以做的事，其他的，就交給老天爺囉。」

說完，他手一攤，露出輕鬆的微笑。

恭喜，他解脫了。

爲家人犧牲，請適可而止

現實生活裡，確實有許多人都被困在家人的病痛裡，跟著家人一起身心受折磨。**關於病人家屬的議題**，一直被忽略，我們所關注的焦點，通常在「生病的人」身上，**卻忽略了「照顧的人」**或家屬其實也需要被關心的。

我們的文化常會讓我們跟家人間的情緒「攪在一起」，「你快樂，我就快樂。你痛苦，我也必須痛苦」，我們是「生命共同體」、情緒的連體嬰。甚至，還有更過分的想法是：「我應該爲你的生命、你的痛苦負責」。這樣的想法，絕對會讓你痛苦一生。

每個人都應該爲自己的生命與情緒負責。當家人過得不好，我們是該關心，但適切就好。**關心不代表你得犧牲自己的快樂與生活**，如果這麼做，這不是「義氣」，

更不是「孝順」。請理性一點。

爲什麼我需要這麼用力地「呼籲」這件事呢？因爲我看過太多人都被「困」在家裡，只要家人「一出狀況」，他就立刻跳出來當超人，去拯救家人，最後把自己的人生搞得灰頭土臉、兩敗俱傷。

你聽過嗎？哥哥賭博欠債，媽媽要其他兄弟姊妹一起幫忙還錢。弟弟投資失敗，爸爸要大家一起出錢幫弟弟。這些鳥事，你聽過嗎？不是不能幫，但得看情況，而且必須適可而止，不然會變成「無底洞」。那個闖禍的人會永遠得不到教訓，他會繼續捅樓子、出紕漏給你看，「反正有人會幫我」，所以他根本不用爲自己負責，不是嗎？

一直在家裡當「救火隊」的人，其實才是眞正的「受害者」。你有沒有想過？

我有一位個案，便是如此。

美如的母親很早就過世了，後來哥哥姊姊也都結婚，家裡只剩下她及父親，還有一個年邁的祖母。於是照顧祖母的責任，自然全都落到她身上。

祖母年紀大身體不好，照顧長輩是理所當然，但當這件事變成「是你一個人的責任」時，就完了。美如長年被綁在家裡，不能出門，甚至無法去做自己喜歡的事。

這樣的「犧牲」，相信有些人是不陌生的。

有一回，好友約她到溪頭旅行，兩天一夜。她原本很掙扎，但想說這麼多年都沒出去玩，只要兩天很快就回來了，祖母是慢性病，況且家裡還有父親呢，應該沒事，於是就答應了。

想不到第二天，祖母就突然生病住院，把她給嚇死了，立刻從溪頭狂奔回家。後來祖母的病一直沒有起色，幾個月後過世了。

從此，美如就陷入深深的自責與愧疚裡。「當時要是我不出去玩，在家照顧祖母就好了。」她心裡常這麼自責。深深的罪惡感「綁架」著美如，天天折磨她。祖母過世後，她就陷入深深的憂鬱裡。

同理著美如的心情，我問她：「當時如果妳在家，妳覺得祖母就不會生病了嗎？」她搖搖頭。卻說：「但至少第一時間我在啊。」

「妳第一時間在，跟妳兩個鐘頭後趕到醫院看祖母，這對祖母的病有差別嗎？」被我這麼一問，她楞一下，好像從沒想過這問題。

想了一下，她回我：「沒差別，其實我什麼也不能做。」

「既然沒差別，爲什麼要如此自責呢？」我問。

「因爲當時我趕回來時，爸爸劈頭就罵我『妳怎麼可以跑出去玩』，好像就是因爲我出門，祖母才會生病的，這都是我的錯。」原來父親的責怪，是她罪惡感的來源。

「雖然出去玩，但妳不是丟祖母一個人在家，家裡不是還有父親嗎？」

「是啊，但他們就是認定照顧祖母是我的事，怎麼可以丟給父親？」

「只是請他幫忙照顧兩天，爲什麼不可以？別忘了，那是他的母親呦。難道他就不能幫忙照顧自己的母親嗎？」我拉回到理性，讓美如看到自己被如此「期待」是多麼不合理的事。

談過幾次以後，美如漸漸從罪惡感與自責中走出來了。

有一回她告訴我：「上次跟你談完後，那晚回到家，我就夢見祖母了。我看見她站在遠方，一直對我笑，感覺很快樂的樣子。」

我睜大眼睛，覺得這是個「好時機」，藉此，我可以創造她與祖母之間「新的連結」。

「請告訴我，祖母來看你，她有跟你說什麼？」

「她沒有說話，但我可以感覺到，她想跟我說，她很感謝那幾年我對她的照顧，而且叫我不要把當時出去玩的事放在心上，她的時候到了，誰也無法阻止，她現在很快樂，她希望我也可以快樂過生活。」

太好了，感謝這個夢。

我趁勝追擊：「所以妳的意思是：祖母希望妳快樂，不要妳一直活在愧疚與自責中，是嗎？」

「是啊。祖母很愛我，她自然不忍心看我一直自責、自我折磨。」

太好了，美如過關了。

放下罪惡感，好好道別

現實裡，像美如這樣活在自責與罪惡感的人，還眞多哩。

家對我們而言，有時還眞是沉重的「枷」。如今，美如過關了，那你呢？請放下罪惡感，幫助自己「過關」，否則日子難熬。

讓我再說一個故事。

有一次工作坊，我邀請大家寫一封信給某一個家人，尤其是那個突然離開你的家人（過世或不告而別），我們得好好跟他道別，否則他會永遠「卡」在我們心裡，讓我們過不去。

好好道別，是重要的。要 say goodbye 前，就得先 say hello，這是敘事做悲傷療癒的作法。

當大家寫完後，我問：「有人願意分享嗎？」莉眞自告奮勇地舉手了。她站起了，輕輕喉嚨，第一句話就說：「親愛的爸爸，當年你走了，我很難過，也很自責，沒有好好陪你走完最後一程，我很不孝……」接著，莉眞就哽咽了，眼淚直流……

停了好一會兒，她才繼續把信唸完。

原來，莉眞的父親十年前罹患癌症，那時她在美國念書，還沒拿到學位，爸爸就過世了。不能陪伴在病痛父親身旁，陪他走完最後一程，讓莉眞很自責。這是她心裡永遠的遺憾與痛。

莉眞說小時候父親對她很好，經常帶她去河邊釣魚，還瞞著母親買冰淇淋給她。她能去美國念書，當時就是父親出的學費，不然她是不可能出去的。如今父親走了，無法報答父親的恩情，連感謝的話都來不及說，讓她感到相當內疚，所以她一直無法原諒自己，每每想到父親，心裡就隱隱作痛。

「父親很愛我，他一定不會同意我休學回來照顧他，但是，我的心裡還是過不去。」她這麼說。

這一回在工作坊裡，透過書寫，讓自己可以跟父親好好說話、好好道別，並找回當年與父親在一起的溫馨記憶。這對莉眞很重要。

「很奇妙，在我書寫的時候，感覺我又回到了女兒的位置，也回到了當年與父親相處的時光。」莉眞說的時候，有著小女兒撒嬌的喜悅。

透過這封信，她向父親道出「當年沒能說出來的話」。她表達了自己的愧疚與自責，還有自己對父親深深的思念、感謝與愛。

然後，神奇的事發生了。

莉眞唸完信，我放著輕音樂，邀請大家做一段冥想。我期待透過莉眞的信，讓大家也可以跟「自己過去某一段未完成的關係」重新做連結。

冥想完畢，莉眞竟立刻舉手想發言。我十分好奇，邀請她，只見她興奮地說：

「剛剛在冥想時，我感覺到父親就出現在我面前，像一團光，溫暖地擁抱著我。那一刻，我有說不出的喜悅與安全感。我已經很久沒被父親擁抱過了，長大以後，我從來沒有這種感覺。我知道，他回來了。」

說到這裡時，我跟大家一樣，聽得毛骨悚然。然後，她又繼續說：

「在父親的擁抱裡，我聽到（感覺）父親跟我說，他很高興我可以把博士念完，他以我爲榮。叫我不要掛心他，他在那邊過得很快樂。他要我不要再有罪惡感，人生很多事本來就難以兼顧、難以抉擇。他知道我是愛他的，如同他愛我一樣，這樣就夠了。」

哇，爸爸「回信」了。我心裡想。

這是一個很美妙的「靈性片刻」。我不知道該如何解釋這個情況，我想用「回信」來做比喻比較恰當。

莉眞寫信給父親，甚至大聲唸出來給大家聽（這是一種宣告），然後在剛剛的冥想裡，父親回來了，跟自己心愛的女兒好好說話，這樣的「回信」，就是在做「道別」。這樣的道別很美、很有療癒。在關係裡，我們需要這種道別。

最後，莉眞跟大家說：「我決定要原諒自己了。我相信父親不曾責怪過我，他希望我快樂的。如果一直抱著遺憾與愧疚感，我很不快樂，這不是父親要的。」她想通了。

此刻，莉眞臉上泛著紅潤的光，有如天使般，整個人好輕鬆。

莉眞的「疏通」經驗，著實帶給大家寶貴的一課。

有些人在家人死亡後，不但把自己陷入深深的悲傷裡，甚至還充滿自責與罪惡感。彷彿家人走了，自己活著也是多餘的。這種「倖存者」心理其實也是一種心理創傷，如果長期都沒有復原，是需要做悲傷治療的。

生死是人生大事，但也是必然的事。我們的文化讓我們對死亡總充滿了恐懼與遺憾，從來沒有人教我們：如何「面對死亡」，如何「好好道別」。所以，每當面對親人過世時，我們不是慌張、手足無措，不然就是充滿罪惡感，魂像是被挖走了一塊，整個人飄忽不定。

說到這裡，突然讓我想起朋友阿霞曾告訴我的故事。

幾年前她公公在美國過世，她帶著女兒去奔喪。參加完葬禮回台後，朋友問候她：「妳還好嗎？」然後，她回朋友說，喪禮很溫馨，她跟公公做了很棒的道別。而且，喪禮一結束，她馬上就帶著兩個女兒去迪士尼樂園玩了。

「我們都玩得很開心。」當她這樣說時，朋友立刻咋舌，表情詫異，完全無法理解。

阿霞只好進一步解釋：「死亡是很自然的事。透過死亡，才更提醒我們活著的人，要開心好好過日子，不是嗎？我想我公公會很高興我帶著他的孫女去迪士尼樂園玩的。我們去迪士尼樂園，不代表我們跟公公沒有情感，或是我們不難過。相反的，我們是用這種方式（好好開心活著），來感念公公這一生帶給我們的啓示，這不是很棒的禮物嗎？」

她說的好。但我想有很多人依然無法接受、無法理解。唉，沒辦法，我們的頭腦被「鎖死」很久了。

其實我想說的是：不管是家人生病或死亡，這都不是你的錯，我們只能盡力去做自己能做的事就好，自責不會讓事情變得更好、更不會讓死者復活的，不是嗎？

沒有情分的親子關係，不是你的錯

不是每個人跟父母的關係，都是父慈子孝、溫馨甜蜜的，有些人跟父母的關係比較淡薄，甚至毫無情分可言。

沒有情分的親子關係，背後當然有故事的。

子女跟父母不親，這是誰的錯？難道這都是子女的錯嗎？我不這麼認為。「你給出什麼，就得到什麼。」這是宇宙定律。

有哪個子女，不希望跟自己的父母相親相愛？有哪個孩子，不希望父母愛他，他也愛父母？但世間的事，往往不是你想怎樣，就能怎樣。

下面是一位朋友的故事。她跟我一樣，都有一個讓自己辛苦的母親。

「我已經三年沒回家了。」蕙敏一坐下來，就對我說。

我們相約在咖啡廳，她坐在我對面，喝了一口黑咖啡，無奈地說：「上週母親過生日，七十大壽，我哥一定要我回去，我心裡很掙扎，想說母親年紀也大了，只好回去，但其實一點都不想回去，心裡完全沒感覺。」

啜了一口咖啡，她接著說：「那天全家圍著飯桌吃飯，祝賀母親生日，一家談笑風生、和樂融融。我坐在那裡，像個局外人，一點感覺都沒有，完全不關我的事。」我聽了很心疼。

或許你會好奇，跟家人一起吃飯，是多麼幸福的事啊，怎麼會沒感覺呢？如果你知道蕙敏的故事，你就可以理解她說的「沒感覺」是什麼意思了。

蕙敏從小就沒有被母親關注過，在母親的眼裡只有哥哥弟弟，自己只是一個被物化的工具，家裡的家事全都是她做，哥哥弟弟只要念書就好。但很奇怪，全家小孩卻只有她功課最好，每次都是名列前茅。對此，母親曾酸過她：「豬不肥，卻肥在狗身上。」（請唸台語會更順暢。）

考大學時，母親卻跟她說：「你是女生，不用念太多書，反正以後都要嫁人的。」所以不讓她考大學。

她很不甘心，自己偷偷跑去報聯招，結果竟給她考上了政大。考上以後，她知道母親絕不會讓她念，於是跑去央求父親，並允諾上大學後自己打工賺學費，絕對不會花家裡一毛錢。如此，父親才去說服了母親讓她念大學。

考上政大，北上念書，她終於脫離了那個叫她痛苦的家，她大大鬆了一口氣。但同時，她也知道：自己是沒有家可以依靠的，以後她得完全靠自己。

一開學，別人都忙著參加各式迎新活動、約會、跑趴，而她卻一口氣兼了三個家教。每次一下課，她就立刻衝去趕家教。倔強的她心裡就想賭一口氣：「不靠家裡，我一樣不會餓死。」從小她就堅強獨立，是因為她知道，家人絕不會幫她的。

後來母親知道她有家教、會賺錢，就命令她每個月都要拿錢回來「貼補」家用，理由是：弟弟還在念書，開銷很大。

「咦，那大哥念大學時，為什麼家裡不但給他學費，媽媽還每個月給他零用錢花？現在我念大學，不但學費要自己賺，還要打工賺錢養家，難道我不是你親生的嗎？」這樣的疑問，在心裡從沒停過，叫蕙敏難過不已。

她經常怨嘆老天爺：「你怎麼這麼不公平？難道，只因為我是女生就活該倒楣嗎？」

後來蕙敏結婚了，母親依然沒放過她，依舊一天到晚跟她要錢。

有一天，媽媽又打電話跟她要錢，說要幫弟弟買房子、娶老婆。她聽了很生氣，怒回母親：「弟弟要買房子、娶老婆關我什麼事？難道他殘廢了嗎？難道他自己不會賺錢嗎？」母親聽了大怒，罵她是沒心肝的女人，兩人從此決裂，不再說話。

蕙敏嘆了一口氣說：決裂也好，反正她心裡本來就沒有我。一直以來，我只是她的「提款機」、搖錢樹罷了。

從此，她再也沒回家，也不再跟母親說話，跟這個家斷裂了。

剛開始，她心裡有點不安，內心似乎有個聲音在「控訴」她。對，就是這句話：「你很不孝。」

後來，兩年前讀了我送她的書《擁抱不完美》之後，她完全釋懷了。

在書裡，她看見了那個從小被忽略、被物化的自己，她終於認回當年委曲求全的小女孩。同時，她也知道：我被虐待了，而且「這不是我的錯」。

現在，坐在我面前喝咖啡的她，臉上有一種平靜，神情很淡定。

她又叫了一杯黑咖啡。

望著窗外的白雲，她緩緩地說：「雖然我已不像從前那麼恨她，但現在我還是無法完全原諒她。我無法理解她爲什麼要這樣對待我，或許如同你說的，她這樣對待我，其實她是在投射『她對她自己的厭惡』吧？但無論如何，現在的我，一點都不想要跟她有任何瓜葛，我不想再去討好她，也不需要她的認同，咱們以後，就各過自己的人生吧。」說完，她嘆了一口氣，有些無奈，但也有些釋然。

這樣看似無情的話，其實背後是歷經了多少折磨與痛苦的領悟，我理解的。當你接納了「我的母親不愛我」這個事實時，有一部份的心，是死了。

如果一個人從小就沒有被愛過、關注過，請問你還會指望她跟父母之間要有溫情、要有情分嗎？

唉，別傻了。這是過份的要求。人與人之間的情感是互相的，既然無緣，我們又何苦爲難自己呢？先愛自己吧。

療癒沒有捷徑，不要輕言寬恕

生命療癒的最終點，就是「寬恕」。完全同意。
但注意，那是「最終點」。
寬恕，是一條漫長的路。
生命，是一種「緩抵達」。
因此，寬恕之道，必須是一步一腳印、緩緩趨前，
不可能直接「跳過去」、立即抵達的。
寬恕之道，沒有捷徑。
有些傷、有些痛，你無法跳過，你得緩步，甚至爬行前進，

如同小舟過江、緩緩划行彼岸，這叫「渡」，
療癒創傷，需要的是這種緩慢溫柔的「渡」。
要如此提醒是有原因的，
因爲不管是我們的文化或是我們的內在善良，
總要我們「應該」去寬恕那個傷害我們的人，
「寬恕別人，就是善待自己」，這句話說的沒有錯，
唯一的錯就在於，它並沒有提醒我們：
如果沒有先把自己受傷的情緒（內在小孩）認回來，
恐怕，你根本無法做到寬恕。
此時，你的寬恕是假的。那是一種頭腦的寬恕。
頭腦的寬恕，是理性的、教條的、超我的聲音，
不是發自內心、本我想說的話。
頭腦的寬恕，並無法讓你做到眞正的寬恕，
更慘的是，

當你一不小心心生怨恨時，你還會鞭笞自己，
你會恨自己做不到寬恕，此刻，你就在對自己施暴了。
除非是發自內心、心甘情願，
否則，你的寬恕，永遠都不是寬恕。
眞正的寬恕，來自於「慈悲」。
當你，眞正走過自己的痛與傷時，
眞正的慈悲，才會油然而生。

誰在乎你，誰就是你的家人

前陣子我迷上了《瑯琊榜》。

我家沒電視，已經幾百年沒看過偶像劇、韓劇、日劇的人，竟然迷上了大陸劇，眞是匪夷所思，連我自己都感到驚訝。

我終於體會到人家講的「追劇」是怎麼一回事了（哈）。人生嘛，凡事都要體驗一下，無妨的。

五十幾集的劇，花不到兩週就追完了（我的速度算慢的呢，有人五天就解決）。看完後，盪氣迴腸，心若有所失。糟糕，我眞的中毒了。火寒之毒，無藥可解，慘了。

最近，忍不住又看了第二遍，依然揪心（果眞中毒太深）。

有一次，看完後我就靜靜地坐在書桌前，一邊回味著劇情，如同品嘗陳年好酒般，然後，我一邊問自己：「到底裡面是什麼牽動著我？」

嗯，一定有的，裡面一定有個東西「勾動」了我。

然後，漸漸地、我明白了那是什麼？

當靜妃得知梅長蘇就是當年的小殊時，開始為他做點心。而且她還記得，小殊對榛子過敏，於是她就不再做榛子餅了（但榛子餅是她兒子靖王最喜歡吃的）。

當靜妃為長蘇把脈，得知他體內遭受火寒之毒，那是一種削皮挫骨、錐心之痛時，她忍不住掉下了眼淚，那份心疼，不用言喻，自然明白。

靜妃是小殊的阿姨，不是母親，連阿姨都如此心疼、捨不得，何況是母親呢？而心疼小殊的，何止靜妃一人，他周遭每個人，幾乎都心疼他、愛護他。

他的部屬千辛萬苦，找來冰續草，想替梅長蘇解火寒毒，甚至願意拿自己的性命來換梅長蘇的命（據說冰續草解毒，需要十個人的眞氣，是以十命換一命）。

梅長蘇的醫生晏大夫，經常板著臉孔，氣他不聽話，沒好好休息，把自己身體累壞。他的好友瑯琊閣少主藺晨是深知他的，知道根本勸不動他，只好一直「相隨」，最後，還跟著他去從軍。

好友蒙摯大將軍更是一路相挺。在最後得知小殊的火毒是無藥可解時，他激動的大聲咆哮，怨怪梅長蘇隱瞞，還氣憤地抓住梅長蘇身邊部屬衣領責問：「他胡來，你們也跟著他胡來嗎？怎麼還讓他到京城來胡搞瞎搞呢？」

哇，這些人，都愛著梅長蘇。

就是這些「有情有義」的對話，叫人揪心、叫人愛不釋手吧。原來，叫我著迷的，就是這個「東西」（我猜很多人也是吧）。

這個「東西」是什麼呢？是情義、是在乎、是捨不得。簡單講，就是——愛。

告訴我，活到現在，有誰在乎過你？還有誰到現在還捨不得你的？有嗎？如果有，恭喜你，你是幸福的。

有人在乎你，那顆心，是安穩的。

我承認，我對小殊（梅長蘇）既羨慕又嫉妒。雖然他命短，但他太幸福了。我寧可有這樣幸福，我寧願活著有人愛，也不願一輩子在孤單寂寞裡活得長久，那沒意思。

然後，我想起了上次在北京帶工作坊時，一位勇敢的婦人站起來唸她的書寫給大家聽，她說：「我生長在一個沒有愛的家，我從來沒感受過愛，從來沒有人愛過我，我也沒愛過任何人。」好誠實的告白，雖然淒涼卻眞實感人。大家聽著，紅了眼眶。如此荒涼的生命，何止是她。

然後，我想到了自己。

最近，午夜夢迴，我也經常問自己：「我也愛過人嗎？有人愛過我嗎？」

細細思量，有的。雖不多。

雖然我有一個匱乏的母親，但還好，老天爺待我不薄，給了我一個好父親。記得小時候，在冬日下著寒雨的上學日，父親會騎著他的鐵馬，把我包裹在他的胸前，載我去學校上學。

小時候家窮，在飲食上是拮据的。那時在餐廳工作的父親，每晚十點多下班回來，總會帶「菜尾」（剩菜）回來給我加菜。有時是一塊排骨，有時是客人吃剩的紅燒雞，一堆雜菜混在一起加熱後，對我而言，都是天底下最美味的食物。因爲裡面有滿滿父親的愛。這份愛，幫助我走過篳路藍縷的人生。

知道「有人曾經在乎我」，這件事很重要，這是安穩一個人內心的基石。

像這樣被愛、被在乎的經驗，對一個孩子而言，是有多麼重要啊，你知道嗎？

活到這把年紀，於是我才明白：**人活著：其實都是爲了「這個」**（愛）。

因爲《瑯琊榜》這齣火紅的大陸劇，帶出了人與人之間的情義，也揪出了每個人內在深層的渴望。於是，我終於明白了自己爲何如此揪心？

我的內心，是渴望愛的。我想念我的父親了。（如同劇裡靖王跑去跟母親說：『我想念小殊了。』）

這部戲，給出內心的投射：人人都渴望變成小殊（梅長蘇），我們都希望跟他一樣、被很多人關心、在乎。這不是每個人內在深藏的渴望嗎？

眞的，如果這世上，還有人在乎你、捨不得你，請好好珍惜。這是千金不換的。其實讓人活到最後，感到不枉此生、無憾無悔的，其實就是這個「東西」，如此而已。

不必在把時間浪費在「不在乎你的人」身上，人生無法勉強，去找到那個「在乎你的人」吧。**誰在乎你，誰就是你的家人。這件事，與血緣無關**。我是這樣認爲的。

最後，分享一個網路小故事，作爲本章結尾。

從前有一顆雞蛋，非常天眞地想和石頭在一起。他每天跟石頭磕磕碰碰的，弄得自己渾身傷痕累累，但雞蛋卻始終堅持著。終於有一天，雞蛋受不了，離開了石頭。然後，他遇到了棉花。

棉花對雞蛋很好、很溫柔。棉花的每一個擁抱都是那麼溫暖，雞蛋的心暖暖的，於是雞蛋這才明白：不是你努力、堅持、忍耐，就能換來別人對你的善待與關心。選對人很重要。記得要選擇「真正對你好的人」。

現在起，**誰在乎你，誰就是你的家人。能帶給你幸福的人，就是你的親人。**請不要再執著了。如果家人不愛我，沒關係，就接受這個事實吧，我只要去找到愛我的人就好了。放下執著，天大地大、唯我獨尊。人想通了，幸福就唾手可得。

第四章
打破家庭祕密，
把自己拯救出來

有時候，讓你最痛的，
不是事情本身，
而是你無法去言說你所遭遇的經驗。

不敢說出的祕密，最需要被聽見

有一天下課，一位學員跑過來跟我說：「周老師，最近有一部電影很敘事，你看過了嗎？」

一講到電影，我的眼睛立刻發亮，馬上問她：「哪一部？」

《白鯨傳奇：怒海之心（**In the Heart of the Sea**）》她興奮地給出片名。

好久沒進戲院看電影了。帶完工作坊的隔天，我立刻跑去看早場電影（我喜歡看早場電影，因爲人少）。看完後，唉呦，講不出話來了。這是我這半年來看過最好看的電影。這部片子，果然「很敘事」，感謝學員的熱情推薦。

讓我來說說這部電影吧。

一位十四歲少年，第一次出海捕鯨魚，就遇到他這一生中最難忘、最慘痛的經驗。最後，他不是捕鯨魚、是被大鯨魚「捕」。夠驚悚的。

這還不夠慘。最慘的，還有一件事（暫時保密、不破梗），這件事，讓他良心不安、自我折磨，這也是他一生中最大、最痛苦的祕密。他羞於告訴人。

其實，不管是經歷海上暴風雨的摧殘、或大船被鯨魚弄沉、或「那件事」，這位少年所經歷的一切，絕對堪稱是「創傷經驗」。沒錯，他受到驚嚇、而且受傷了。

最後倖存歸來的他，因無法說出「眞相」，於是把自己困在罪惡感與酒精裡，掩沒自己，讓自己與家人都痛苦不堪。

長年酗酒的他，用酒精麻痺自己、麻痺感覺，酒精癱瘓了他的人生，也癱瘓了他的家庭。

歲月如梭，三十年過去。有一天，一位不得志的年輕作家突然出現在他家門口，要求見他，他想知道當年這艘補鯨船遇難的「眞相」。

作家帶著家中所有的積蓄，千里迢迢找到這位目前唯一活著的倖存者，請求他說出當年那艘船所發生的「故事」。他想用錢來換故事。

蒼老的倖存者依舊活在酒癮與當年的創傷裡，羞愧不已。他不假顏色、立刻拒絕：「我死也不會說的。」然後，粗暴地趕走作家。

作家悻悻然準備離去，到了門口卻被倖存者的老婆給攔住了。婦人央求他無論如何都要救救她的老公，她知道：自己丈夫被某個「祕密」給困住了，這個故事必須說出來、需要被聽見。講白一點，她老公需要「告解」。

於是，她跑去說服老公。表情嚴正、言詞懇切，她拜託老公：

「這些年你成天酗酒，這個家都靠我一個人在撐，你知道我很累嗎？我快撐不住了。你到底還要喝酒喝到什麼時候？現在，我們很需要那筆錢。」

未盡到丈夫的責任、讓妻子受苦，倖存者再度感到羞愧。於是勉爲其難地答應了妻子的要求，願意把故事說出來。

接著，精采的故事就開始了（電影回到當年）。

在那個窗外下著大雨的夜裡，故事終於「被說出來」、也終於「被聽到」。當下，倖存者的表情，如天上的浮雲，隨著故事的情節、不斷轉化著。然後，生命開始「不一樣」了。

他漸漸從「祕密的墳墓」裡，爬了出來。他漸漸活了過來。「故事就是生命」，

說故事讓生命得以重生，這是敘事裡的相信，如今驗證。

故事如流水般，一直往下流。但當要說到「那件事」時，他又停了。表情猶豫、滿臉羞愧，他又退縮了。關起閥門，他堅決地對作家說：「我不說了，你把錢拿回去，立刻給我滾蛋。」但作家不放棄。雙眼凝視著他，誠摯地鼓勵他繼續往下說。於是，倖存者也看著作家，問他：「你有祕密嗎？」這意思是：那我們來「交換祕密」吧。

作家想了一下，給出一個祕密：誠懇地說出他這幾年生活的困頓與窘況。

說完，倖存者被同理了，心裡產生力量。於是鼓起勇氣來，終於把那段「不可告人的祕密」給說出來。（這就是我講的「以故事引故事，以眞引眞」。我的課堂裡，就是在做這件事。）

當吐出眞相時，他整個人，大大地鬆了一口氣。他終於打破了「大缸」，讓自己自由。

緊接著，他又問作家：「你會批判我嗎？」（意思是：你會因此看不起我嗎？）

作家立刻搖搖頭，堅定的說：「不會！」

然後，倖存者接著說：「要是我老婆知道這個祕密，她當年肯定不會嫁給我。」

就在這時候，高潮來了。

婦人從另一個房間走了進來，堅定地對她老公說：「如果當年你告訴我這個祕密，我會更愛你，而且我一樣會套上結婚戒指的。」（媽呀，當場飆淚。）

各位，看到沒？這就是愛。如此的接納，就是愛，更是「療癒」。

「故事療癒」，就是讓你把故事說出來，被穩穩地「接住」、被善意的理解與重新詮釋，如此而已。

說不出來的故事（祕密），其實更需要被聽見。當我們不想分享心中的傷痛時，你的傷痛就會變質，卡住你的人生。

而當故事被聆聽、被接納了，人就鬆了。讓祕密見光死，人就解脫了。如果想體驗故事的療癒力量，請去欣賞這部好電影，裡面所探討的主題及感人之處，還很多哩（除了男主角長得帥以外）。

這部電影，叫我深深感動。看完後的那個禮拜，我腦海裡還不時縈盪著當中感人的畫面，同時沉浸在電影的反思裡。

人類的貪婪、自大、傲慢，想征服大自然的野心，自古皆然，始終沒變過。人總要落魄到「一無所有」之後，生命才會覺悟。

唯有在生命的陷落時刻，於是人才會覺醒、才學會謙卑吧。

原本意氣風發的男主角（大副），一路上歷經了暴風雨、船難、被鯨魚追殺、同僚一一死去，此時飢寒交迫的男主角，終於臣服了上天、臣服了大自然，不再自以爲是。

最後，當有一次機會，他拿著魚叉可以刺殺大鯨魚時，這一次，他卻猶豫了。旁邊的船員雖然不斷鼓譟要他趕快刺殺，他右手高舉著魚叉，卻猶豫著、遲遲不肯動手。這完全不像以前的他，以前的他，快、狠、準，是一個獵鯨高手。

就在大鯨魚游過他身旁、眼睛望著他時，他放下了魚叉，與大鯨魚兩眼對望，眼裡充滿「懺悔」，彷彿在跟鯨魚說：「對不起、請原諒我」。（因爲他曾殺了牠的伴侶，另一隻大鯨魚，這也是爲什麼這條鯨魚要來追殺報復他們的原因。）

好一個感人的「大和解」。**好一個「放下屠刀、立地成佛」**（又奔淚了）。

從獸性、人性、回到「神性」的心性轉換，這部電影一一演給你看。實在太精采了。

經歷了生命的困頓、打擊，人謙卑了、學會「臣服」，也學會「和解」（包括大副跟船長之間的和解）。

跟大自然和解、跟萬物和解，其實也是在跟自己和解。在和解中，讓生命得到救贖與重生。

電影最後，故事說完，天也亮了。當婦人拉開窗簾，燦爛耀眼的陽光灑進原本幽暗房間的那一刻（這是很棒的隱喻：祕密見光死了），倖存者也跟著窗外的陽光，一起「重生」了。

倖存者滿懷著感激，把錢「退」還給作家，說：「你幫了我，我不能收你的錢。」然後，作家又把錢「推」給倖存者，說：「你一定要收下，因爲你的故事也幫助了我，它讓我有了力量。」

然後，兩個人就在那裡「推來推去」，最後，到底錢給了誰呢？不告訴你，自己去看。

好，其實我想說的是：不管是「說故事」或「聆聽故事」，都是人與人之間最深刻親密的連結。故事，是你能給別人最珍貴的禮物。

雖然往事不堪回味，但還是需要說出來、被聆聽。

如果你也有不堪的往事（祕密），也曾被困在某個創傷經驗裡走不出來，請你找一個人，好好把故事「說出來」、被聽見吧。說完故事，你就解脫了。

故事的救贖之道，就是於你可以眞誠地面對自己。

請不要害怕眞相。對眞相的恐懼、比眞相本身更叫人受傷。當你勇敢發聲，你會發現：其實別人不會「如你所想像的」——因此看不起你。

「但萬一有人因此看不起我、批評我，那該怎麼辦呢？」

不用擔心。如果眞有這樣的人，可見，那個人根本不關心你、不在乎你。

對於一個「沒把你放在心上」的人，你又何必在乎他呢？不是嗎？

爸爸，拿開你那隻髒手

在我們的文化裡，有不少女性都有童年被性侵、性騷擾的經驗。除了陌生人，加害者其實更多是來自家裡的長輩，甚至是自己的父親。

被自己的父親性騷擾或性侵，這是一件何等痛苦的事啊。那是一種信任感的全然破滅。「連在家裡面都不安全、連自己的父親都不值得信任，請你告訴我：我還可以相信誰？」這種巨大的內在衝突與撕裂，比死還痛苦。

珍貞在課堂書寫時，突然放聲大哭。因爲，這次她要寫信給父親，她要把深埋在心裡三十年的祕密給掀出來。

件事雖然過去許久，但心中那個黑洞卻一直都在，始終沒「過去」。有一個她，一直被關在黑暗的地窖裡，不見天日。如今，她下定決心，要把那個「藏在地窖的自己」給解救出來。

好不容易寫完信，珍貞哭紅了雙眼，但臉上，卻出現一種平靜。

做完分組分享，再回到大堂後，她勇敢地跟大家分享她的信。是的，她豁出去了。

清清喉嚨，做個深呼吸，珍貞開始唸這封信。

爸爸，其實我不想叫你爸爸，因爲你不配。

你怎麼可以這樣對待自己的女兒？我十歲那年，你在我身上烙下的印記，你可能忘了，但我卻永遠忘不了。

那一晚，我睡到一半，你竟然偷偷跑到我房間，摸我的身體，我從睡夢中驚醒大叫，然後你倉皇逃走，你以爲你沒進一步做什麼，就不算傷害我嗎？不，你已經深深傷害了我，你傷害我對你的信任、對家的信賴，及對人性的相信。

你知道嗎？自從那晚之後，每晚睡覺我不但都要鎖門、還要把椅子抵在門把上，我才敢睡覺。不只如此，我不敢關燈，我一直開著燈睡覺長達十五年之久，睡覺時我也總是穿著長褲，把自己包裹的密不透風，既使夏天也是如此。長期以來，我一直活在巨大的恐懼中，無法好好睡覺，這些都是你拜你所賜，你知道嗎？

你對我的傷害之大，恐怕是你無法想像的。

上大學，我故意去念南部的學校，就是想逃離這個家，逃開你對我的傷害。而且，這個陰影甚至還影響了我的情感與人際關係。

上大學時，有很多男生追求我，他們都是很眞誠的人，但統統被我拒絕了，我總是躲得遠遠的，我害怕親密、更害怕身體接觸，這些都跟小時候那件事有關，你知道嗎？

我恨你，無法原諒你，但如此卻又讓我陷入更巨大的痛苦。三十年來，每天活在怨恨的我，心中充滿罪惡感，痛苦不堪。

我封閉自己的感覺，活得無感，每天像行屍走肉一般，從來不知道什麼是快樂。

這幾年上了各種心理課程，我才漸漸敢把這個祕密說出來，然後我才發現：其實我很渴望你的愛，我內心有一個小女孩，她渴望父親的愛。但是，你從來沒有給她愛，你只會傷害她，你是一個不及格的父親。

現在，我覺悟了。

我願意承認：「你不是一個好父親，你一點都不完美，而且你給不了我需要的愛。」我得接受這個事實，不然我無法繼續活下去，我不想每天活在期待與失望的循環中，自己騙自己。

寫這封信給你，我想要讓你知道：「你對我的傷害」。還有，你欠我一個道歉。如果你願意給我一個眞誠的道歉，我會接受，這對我是一種療癒。但是，如果你繼續否認、不願意道歉，那我也無所謂了，這只是更加證明「你就是這樣的父親」，不是嗎？

最起碼，我講出來了。我把自己從祕密的黑牢裡，解救出來，這就夠了。

目前，我還是無法原諒你。我必須尊重自己現在的感覺。雖然我無法原諒你，但我會嘗試祝福你的。因爲我知道，你內心裡有一個大洞，你其實也活得很痛苦，不是嗎？

我發誓，從現在開始，我會把十歲那個小女孩好好擁在懷裡，我不會再讓任何人欺負她了，包括你。

唸完信，好多人的淚水已經在眼眶裡打轉。當下，一個巨人就矗立在我們眼前。

然後，我邀請大家：「如果你也可以同理珍貞當年那個小女孩所受的苦，或你生命裡也曾經有類似經驗的朋友，邀請您，站起來、過來擁抱珍貞，同時也擁抱過去受苦的自己。」

然後，許多女性朋友，紛紛站起來、輪流過去擁抱著珍貞。

有人一抱，立刻放聲大哭了。

在淚水交織的擁抱裡，她們把隱藏在內心多年的祕密與苦痛，一併統統給擁抱了回來。此刻，是多麼珍貴的療癒時刻啊。

讓自己從「受害者」轉身變成「拯救者」

如果不說故事，我們會一直把自己困在祕密的黑洞裡，成為一輩子的受害者。這就是榮格說的：「當我們將眞實排拒在生命之外，它就會以命運的姿態，回到你的生命裡。」

如果你敢勇於面對眞實，讓祕密曝光，我們立刻就從「受害者」轉身變成「拯救者」了。此話怎說呢？

這是一個眞實的故事。

某一個默劇團創辦人有一天在網路裡分享了自己的故事，叫我感動不已。故事的大意是如此：

小時候家裡爸爸媽媽常吵架，叫他不知所措、內心充滿恐懼，於是他變成一個沉默寡言的小孩。

小學一年級，有一次搭公車去上學，他睡著了、坐過頭，後來又迷了路，晃到了二二八公園（當年的新公園），結果遇到一位老伯伯，好心帶他回家，後來，他被老伯伯性侵了。自從那件事以後，他就變得更加沉默寡言。

後來，他決定去法國學默劇。有一天，小時候的記憶突然一擁而上，他記起那位老伯伯的樣子，當場淚流滿面。於是，他開始找人諮商、療癒自己。然後，他也開始說故事，甚至還公開說自己被性侵的故事。最後，他還把自己的故事編到戲劇裡，被大家看見。

有一回演出完畢，一位十七歲的高中生跑到後台跟他說：「我可以抱抱你嗎？」他說：「可以呀。」雖然心裡感到訝異。

在擁抱時，高中生淚流滿面，並在他的耳邊輕輕地說：「你剛剛演的，就是我的故事。」

也在那個剎那，他忽然懂了。懂了自己爲什麼要說故事？爲什麼要把自己的故事演出來？

原來，就是爲了這一刻。原來，他需要用自己的故事、去拯救另一個靈魂。一個跟他一樣、被性侵受害的靈魂。

也在那一刻，他發現自己，從一個「受害者」轉身成爲一個「拯救者」。

唉呦喂呀，眞是好故事。

我一直相信：所有事情的發生，沒有意外、沒有巧合，都是有意義的。

這幾年做故事療癒的經驗，讓我更加確信：救贖之道，其實就是「轉身」，把自己的祕密給認回來。

說故事，就是一種「轉身」。故事，給出強大的生命療癒力量。他的故事，就是最好的印證。

在故事裡，原來我們都一樣。

在故事裡，讓我們不再感到孤單、寂寞、無人懂。

在故事裡，讓我們的靈魂相通、生命相互取暖。

這就是故事的療癒力量。

離婚不是一件丟臉的事

「這是離婚十年來，我第一次敢在別人面前說這件事。」當婦人這麼說時，大家都凝視著她，眼裡露出疼惜的表情。

婦人繼續說：

這麼多年來，我一直都無法走出離婚的陰霾與痛苦，那段婚姻讓我很痛，離婚這件事讓我更痛苦。離婚好像就代表我的婚姻失敗，同時我這個人也失敗一樣。社會對離婚的女人很批判、很不公平，而且感覺離過婚的女人比男人更丟臉。

我父母不只對親戚隱瞞我離婚的事，甚至還下達「噤口令」，要我不准跟任何人說。每逢過年過節，就是我的惡夢，我好怕親戚來家裡拜年，只要他們一問起我先生怎麼沒回來，我都驚慌失措，嚇得汗毛直豎。每次我都騙他們說前夫有事。但騙得了一時、卻騙不了永遠，這幾年活在謊言中，自我壓抑，眞是痛苦。我受夠了。

最後，當她給出這句話時，立刻放聲大哭。

這就是我們的文化對一個離婚女人的壓迫與欺負。

你不覺得這個文化很奇怪嗎？對婚姻的幸福標準只有一種，就是一夫一妻，而且還要長相斯守、白頭偕老。於是，只要你不在這個「框框」之內，都是不正常、不幸福、不應該。是這樣嗎？

在這個框框裡，其實並不能保證人人幸福。但我們的社會不管，只要你們兩個人，給我老老實實待在這個框框裡，縱使你們天天吵架打架、拉扯、暴力相向，都無所謂，只要不離婚，什麼都好辦。眞可悲啊。

我不是鼓勵大家離婚，但我希望大家在婚姻裡、活得有愛、有尊嚴，而不是天天憎恨彼此、暴力相向、恐懼度日，這簡直是浪費生命。

親愛的，生命很可貴。請不要再浪費生命了，跟一個不愛你的人惡鬥、消耗能量，不值得的。

人活著，不是只爲了滿足社會文化的要求、父母的需要，請你也要問問自己：「這樣的生活，我快樂嗎？」

人不快樂，都是因爲：我們永遠「以別人的需要爲優先」，把自己的需要放在最後。人不看重自己，自然不容易快樂。

一直以來，我們都活在一個重視「表面形式」的社會，一天到晚演戲給別人看，扭曲自己，活得虛僞、不眞實，這就是叫人生病的原因。

我們都被體制給綁架了。這個社會總是「形式」大過於「實質內涵」，面子比快樂更重要，我們經常被要求忍耐「配合演出」，不是嗎？

私塾裡，曾經一位婦人述說起自己的婚姻，依舊滿心怨恨不甘。

「當年憑媒妁之言，我嫁給了丈夫，這個婚姻是由父母決定的，我毫無選擇。因爲對方很富有，我媽就要我嫁他，說嫁給有錢人就會好命。結果，那男人脾氣很壞，動不動就打我、罵我，四十年來我每天生不如死。」她含淚說。

「有沒有想過要跟他離婚呢？」學員很心疼，忍不住問她。

「唉呦，怎麼可能。每次被打，跑回娘家哭訴時，我父母就把我趕出去，叫我要我忍耐。他們說：『嫁雞隨雞，嫁狗隨狗』，嫁出去的女兒就是潑出去的水。」

這個觀念，讓女性跟原生家庭產生斷裂，這也是文化對女人的迫害。

「現在兒女都長大了，妳的人生也過半了，難道妳還要繼續忍耐嗎？」我不忍心地問。

「不然要怎麼辦呢？我也想離婚，但我父母就不同意啊，他們跟我說，離婚很丟臉，叫我不要丟他們的臉。所以我連想都不敢想。」婦人說著，很是無奈。

「除非妳自己願意打破社會價值對我們的壓迫，不然，實在無解。」我心裡這麼想，但沒說。

最後，我問婦人：「請問妳今年幾歲了？」被我這麼一問，她楞了一下，很不好意思，停了幾秒才說：「五十八。」

「好，請記住，妳現在是五十八歲的大人了，不是五歲的小女生。妳已經長大了，而且也爲人母，現在妳可以爲自己的人生負責了，不是嗎？婚姻好不好，都是妳的事，難道這輩子妳都要爲了父母的『面子』、讓自己活在痛苦的婚姻裡嗎？」

深呼吸後，我繼續說：「換個立場，今天如果是妳女兒結婚，她每天被丈夫打、天天活在暴力裡，請問妳感覺如何？妳會如何告訴女兒呢？」

婦人毫不思索地說：「我會很心疼，叫她趕快離開那個男人。」

「爲什麼妳不會像妳父母一樣，叫她要忍耐呢？」我問。

「因爲她是我女兒，我愛她呀。」

「難道妳不是妳母親的女兒嗎？」被我這麼一問，婦人頓時啞口無言。

最後，我語重心長的提醒大家：「做母親的經常是兒女的典範。現在妳是如何過生活，孩子都看在眼裡，潛移默化，便自動地複製到自己的生命裡。所以，如果眞的愛孩子，我們就得學會『愛自己』，不然，孩子將來可能會『重複』我們現在的生活。」

語畢，婦人陷入長思，不語。

我知道，要解構社會文化給我們的「枷鎖」是需要時間的。不急。每一個生命都有它自己的速度，我們得尊重。

但我也不擔心，因爲我知道：一旦這位婦人願意走出來上課、願意開始說自己的故事，生命就開始「不一樣」了。她已經踏出最重要的一步了。

當祕密不再是祕密時，你就自由了

只要你活得跟社會價值「標準」不一樣，都是丟臉的事，都是不能公開的祕密，眞的嗎？

在我們的社會價值與體制裡，「製造」了很多不能說的祕密。身上背負太多祕密的人，絕不可能活的輕鬆。我們的祕密與痛苦，大都是被製造出來的。不信，你聽聽看：

女人離婚、婚姻失敗，不能說。

從小被父母打罵、家暴，不能說。

我是單親家庭長大，從小沒有爸爸（或媽媽），不能說。

家裡有「不正常」的孩子（用社會的標準），也不能說（像是過動兒、自閉症、唐氏症、亞斯伯格症等）。

兒子是同性戀，好丟臉、不能說。

爸爸外面有小三，媽媽有外遇，當然更不能說。

家人罹患癌症，母親有憂鬱症、姊姊有精神分裂症，統統也不能說。

哥哥車禍過世，母親自殺，這更不能提、不能說。

小時候被親人長輩性侵，這種丟臉的事，更是絕對不能講。

家庭裡不能說的祕密，不只如此，還要舉例嗎？我可以再舉一籮筐。

當這些真實發生在你身上的事，統統要變成羞愧的「祕密」、統統不能說時，人就被關進了黑牢裡，痛苦一生。

我常說：事件本身雖然叫人痛苦，但堅守祕密、不能說，怕被人家知道、怕丟臉的這份「壓抑」，恐怕更叫人痛苦。

當然，我不是叫你要把家裡的事，昭告天下，讓全天下人都知道。我不是這個意思。有些是你個人隱私，不相干的人根本不需要知道，本來就是。而且，也不是每個人都「接得住」你的祕密，如果接不住，隨口批評、論斷、給建議，這是二次傷害，更叫人痛苦。這也是為什麼我們要噤口不提的原因。

說故事、給出祕密，確實要看人的，這很重要。

有些人，不值得你對他說，因為他不是真正關心你這個人。有些人雖關心你，卻缺乏同理心及包容力，這樣的人，不說也罷。

但心裡埋著祕密，人就一直活在「羞愧」與「自責」中，這會耗損你的生命能量，並毀了你的快樂與幸福。所以，如果能夠「吐」出來，你的人生才會暢快。

如果你身邊沒人可以說，不妨找專業人士（心理師）說或參加各種心理團體，來疏通心裡的祕密，千萬別讓它一直「卡」住你，讓祕密見光死，才是明智之舉。

當祕密不再是「祕密」時，你就自由了。

說出被家暴的祕密，拯救自己

「每次到天黑的時候，我都會有一種莫名其妙的恐懼產生。」有一次小梅這麼跟我說。

「你怎麼解釋這種情況呢？這跟你的童年經驗有關嗎？」我問她。

小梅抬起頭來，思緒突然飄向遠方，眼神露出一種哀傷，淡淡地說：「可能跟這件事有關吧。」

「哪件事？你願意說說看嗎？」我繼續問。

小梅清清喉嚨，緩緩道來：

> 小學下課後我回到家，爸媽都不在家，我一個人很孤單，都會跑到鄰居跟小朋

友玩。但每次玩到傍晚天黑時，我一想到功課還沒寫，就緊張地拔腿就跑、拚命跑回家。每次鄰居玩伴都感到莫名其妙，我怎麼突然就跑掉了。

每天晚上爸爸回到家的第一件事，就是檢查我的功課，如果功課沒寫或寫錯字，他就大聲咆哮罵我、甚至甩我耳光。有一次，甚至還撕了我的作業簿，那時我很害怕就一直哭、一直哭，結果被他打得更慘。

從小我看到爸爸就像看到鬼一樣，心中充滿恐懼。

他對我從來沒有一句好話，一直用否定的話傷害我。我心裡很恨她，從小就懷疑我根本不是他親生的。長大以後，每到了天黑時，我就有一種莫名的恐懼感，或許這跟小時候每晚我都被爸爸打罵有關吧。

小梅終於說出了自己小時候被父親家暴的故事。辛苦啊。過去，她一直不肯說。在我們「家醜不可外揚」的文化裡，小時候被父母打，是一件多丟人的事，怎麼可以對別人說呢？我完全理解。

小梅說，從小她都覺得被父親打罵，一定都是自己不好、不乖。就算現在長大了，她還是感覺自己很糟糕、什麼事都做不好。這是可以理解的。

根據研究，受暴者經常有負面自我形象、自我否定、低自尊等心理狀態。但不能說、不敢說，卻叫小梅一直活在過去的暴力陰影裡，影響著她的生活與身心健康。

因爲憂鬱症，她吃藥吃了好多年。晚上經常睡不好，常驚醒、做惡夢。她常夢見自己在做功課時，爸爸忽然從後面過來打她的頭，然後她就驚醒，一直哭。現在長大了，父親也年邁了、不再打她，但她卻依然活在童年的驚恐裡，無法自拔。

我想，療癒之道無他，除非我們好好的跟這個經驗說聲 Hello，「說出來」，重新理解它、擁抱它，如此，你才能好好跟它道別（say goodbye）。

想結束這場惡夢，就得勇敢面對它，說出來。怎麼做？請看下一篇。

療癒內在小孩的心靈秘方

1. 實話實說：勇敢說出自己的故事。不要壓抑太多祕密，說故事就是「解密」，讓你自由的最好方法，就是勇於眞實，不要害怕說出眞相。

2. 我夠好了。請改變你的內在語言，隨時提醒自己：「我夠好了。」

3. 是的，我是受虐兒。勇敢承認自己被家暴的經驗，如此才能把自己受傷的內在小孩給認回來。

4. 是的，我很生氣。允許自己可以生父母的氣。承認自己受傷的情緒，允許它存在，並爲它發聲，於是你才能「超渡」那個傷痛。

5. 可以勇敢，也可以脆弱。請把每個部分的自己，統統認回來，不管好的、不好的自己，都不要否認，這是並存的智慧。

6. **不囉唆，寫就對了**。透過自由書寫，抒發情緒、好好說故事，把積壓在內心的情緒與想法，統統倒出來，解放自己，讓內在小孩得到療癒。

7. **學會放棄**。放棄「我應該有一個好父母」，放棄「我父母有一天會愛我、認同我」的念頭，甚至放棄「我應該當孝順父母的好孩子」的想法。一旦放棄，你就解脫、自由了。

8. **原諒自己**。請原諒自己的無知、原諒自己的無心之過、原諒自己的不完美、甚至原諒自己不能原諒。心中不要有罪惡感，不要批判自己。

9. **好好懺悔**。如果你傷害過人，請你好好去說「對不起，請原諒我」，這句話是很有療癒的語言。說對不起，療癒他人、更療癒自己。不要讓自己活在愧疚感中，消耗你的生命力。說完「對不起」，你就可以放下、好好過日子了。

10. **好好道別**。如果要讓某一段關係，劃下句點，你必須好好跟它道別，不然你會一直「卡」在過去的陰影裡、自我折磨。

11. **解構自己**。每一個把你困住的「信念」，都是被建構的。救贖之道，就是勇敢打破自己、打破主流價值給你的束縛（框框）。學習不斷去質疑：「我的相信是眞的嗎？是誰告訴我的？適合別人，但適合我嗎？」

12. **實踐愛自己**。記住，行動帶出力量，改變就是力量。從日常生活中，一點一滴把自己愛回來。實踐才是王道，說再多都沒有用。

不急著跟父母和解，我們得先跟自己和解

很多觀念似是而非、看起來好像是對的，但如果沒有解釋交代清楚，可能會害人。

有聽過這樣的話嗎？

「有生之年，我們都應該跟父母和解，不然的話，內心將永遠騷動不安，一輩子都無法得到眞正的幸福。」

這話似乎有點道理，但要怎樣才算跟父母和解呢？

如果你聽到的解釋是：「跟父母和好，就是不管他們過去如何對待我們，我們都依然要孝順他們、讓他們開心，一家子和樂融融在一起，這才是圓滿的大和解。」

是這樣嗎？要這樣才算和解嗎？夠了。

如果你從小天天被父母打罵、被不堪的言語羞辱長大，你還能做到如此，我佩服你。但如果你做不到，這很正常，請不要自責。

我常說：請不要妄想每個父母都會改變、都會變好，然後可以好好跟我們和解。別傻了。如果父母沒有改變，卻強迫自己要跟父母和解、和好，這是另一次的自我壓迫。這樣的和解，根本就是「討好」。

如果父母無法改變，請接受，接受我的父母跟別人的「不一樣」，而且，他們可能一輩子都不會改變。

當然，我不是說每個父母都不會改變。從小忽略、虐待我們的父母，突然有一天良心發現，收起冷漠殘暴，改變對子女的態度，這種父母，有的，但不多。

如果有這種父母，那一定是看過我的書或上過父母成長課程的。這樣的父母是有反思的，他們知道自己也是傷痕累累，所以願意透過閱讀、上心理課程來療癒自己。於是，才有勇氣進一步去跟自己的孩子懺悔和解。我想一般父母是做不到的。

跟父母和解，這不是一廂情願的事。如果用「討好」的方式去和解，恐怕這樣的合解，**只會造成自己內心更大的扭曲傷害罷了。**

因此每次我聽到有人說：「你應該跟父母和解」這樣的話時，心裡就開始冒火。

拜託，請別搞錯順序，你最先要和解的人，不是父母，是自己。

如果無法跟自己和解，你不可能、也沒有能力去跟任何人和解。就如同你不愛自己，自然你也無法去愛別人，一樣的道理。

那麼，「跟自己和解」是什麼意思呢？

我的解釋是：「**接受自己目前的狀態，原諒自己的『不能』。接受自己的不完美，進而去接受人生就是不完美。**」

說白了，和解就是接受。接受所有的自己。

如果，你還在生父母的氣，還做不到所謂的「孝順父母」，沒關係，不用自責，請接受：「我目前就是這樣」吧。

先接受，不用急於改變，於是你就跟自己和解了。

如果急於想跟父母和解，就會把責任統統往自己身上攬，好像在說：跟父母不合、不親，都是我的錯、我的問題，我「應該」有義務去改善關係，不是嗎？

如果這樣想，我們就會繼續「複製循環」跟父母的討愛關係。這不是根本解決之道。

請接受現實：不是每個人都可以修復跟父母的關係的。你可以努力，但請不要過分期待。

如果可以，請接受：我的父母「這輩子可能就是這樣子」，他們大概不會改變了。當你可以接受「我有一個不完美的家庭、不完美的父母」時，生命就不會被「卡死」、就會出現轉機。

接受，就是一種「放棄」。放棄要去改變他人「變成你希望的樣子」，放棄「自己無法得到的東西」、不再苦苦追求。如此，我們便放過了自己。接受，其實就是愛自己。

第五章
寵愛自己，
重新把自己愛回來

從父母那邊，
一點一滴拿回自己的力量。
重新把自己養回來。

改寫你的生命腳本

請不要顧影自憐，也不用哀天怨地，
更不要再去「戳」自己的傷口。
自我批評、自我否定，就是在「戳自己的傷口」。

以前的傷，或許是別人造成的；
但後來的傷，卻幾乎都是自己造成的。
請放過自己。

現在你唯一要做的是：

勇敢面對傷痛，爲自己包紮傷口，
進而，學會「保護自己」。

保護自己就是：
不要讓自己或別人的負向語言及情緒，繼續攻擊你。
不要繼續活在「過去被傷害的記憶裡」，自哀自憐。

請你：
勇敢站起來，爲自己的人生負責，負起百分之百的責任、
勇敢面對生命的不完美、改寫你的生命腳本，
這將是你一生中所做最了不起的一件事。

自己的人生，自己救

近日收到一位學員寫信給我，看完後，我深呼吸，心裡充滿喜悅。她告訴我：去年她終於結束了她的婚姻，而且，好聚好散。現在，她有一份自己喜歡的工作，足以養活自己。甚至，她還交了男友，目前有一個對她溫柔體貼的男人相伴。現在，她感到很幸福。她開心地說：「我感覺我的人生，現在才眞正開始。」

你一定很好奇：「她是怎麼辦到的？」讓我說給你聽吧。

還記得兩年前，她來到我的工作坊時，表情憂鬱、面容憔悴。因爲，從小她就是個受虐兒，長期處在家庭暴力的陰影裡，痛苦不堪。

從小父親就家暴她，結婚後又遇人不淑，她的丈夫也家暴她。長期處在暴力中，讓她身心都傷痕累累，痛不欲生。她曾經企圖自殺，但沒成功，後來透過社工介紹來上我的工作坊。

還記得那時在工作坊裡，她說著自己的故事，聲淚俱下，叫大家好心疼，很多人過去擁抱她。課程最後，我讓大家做「改寫生命腳本」的書寫。寫完後，她竟然舉手，勇敢地想跟大家分享。我依稀還記得一些內容。

「我不想再當家暴的『受害者』了，我要當自己生命的『拯救者』。我不想把童年被父親暴力的經驗『複製』到婚姻裡，我要拯救自己的婚姻、拯救我自己。父親是我無法選擇的，但丈夫是我可以選擇的。」人生無奈，但有選擇。她覺醒了。

最後，在書寫裡，她幫自己規畫了五年後，她心目中想過的「理想生活」。所謂的「理想生活」，就是她最想要、最能讓她開心快樂的生活方式。

她寫的內容很精采。她說：「回去以後我絕不會讓先生再動我一根汗毛了，我一定會保護自己。我會先努力與他溝通，改善關係，但如果努力後丈夫還是無法愛我、善待我，那我就離婚。我要遠離暴力，我要選擇過更好的生活。」好有力量的宣告。

其實她心裡很明白這個婚姻從一開始，就是一個錯誤。她根本不愛這個男人。她是為了逃避父親的原生家庭、逃避暴力，才隨便找個人結婚的。

因此她自己承認：「婚姻不幸福，其實都是自己造成的，不能完全怪別人，我也必須爲自己的人生負責。」這是大覺醒。

後來她也計畫：「如果離婚，我會去找一份自己喜歡的工作。」她很喜歡烹飪、美食、養生，她想去找這方面的工作。同時她也會一個人去旅行或上一些心理的課程，把自己這麼多年來遭受暴力的受傷心靈給療癒回來。

最後，她用堅定的語氣對大家說：我不想一錯再錯，我一定要「改寫」自己的生命腳本。

聆聽著她的書寫，大家被那份強大的信心給感動到不行。甚至有人頻頻拭淚。

現在想不到，不到兩年時間，就收到她的信。她辦到了。她不但離開了暴力的婚姻，找到自己喜歡的工作（在一家有機素食餐廳工作），甚至，還遇到一位善待她的良人。

對這樣的結局，我其實一點都不感到訝異。當一個人開始愛自己以後，自然就會「吸引」別人也用同樣的方式來愛她。這是最自然的事。

「愛無法外求，愛是從自己內在發生的一件事」，這個宇宙法則，我深信不移。

父母給不了的，我們就自己給自己

每次淑美來到私塾，一談到跟母親的關係就忍不住流淚。

她是長女，父親去世，弟弟結婚了，目前只有她跟母親同住。

從小母親就重男輕女，偏心弟弟，讓她心裡很不平，所以跟母親的關係一直很拉扯，衝突不斷。

一直以來她都在討好母親，希望得到母親的看重與認同，但母親卻永遠忽略她，不然就是否定她，於是她生母親的氣，兩人經常會爲了一些小事而吵起來。

第一次私塾上課，她告訴我們，去年她去日本旅行，買了一雙羊毛手套給母親，想說今年冬天很冷，要讓母親暖和一點。然後，當她買回來，喜孜孜的遞給母親時，母親只有一聲「眞浪費錢」，轉頭就走，留下錯愕的她。當下她很受傷。

接下來那個禮拜，那雙羊毛手套就一直擺在客廳的茶几上，媽媽從沒動過。每次她出門上班，都會往茶几那邊一望，心裡多麼期望它不見、被媽媽拿去用了。但沒有，它始終都躺在那裡，一動也不動。

那雙不被青睞的手套，就猶如她從小到大的家庭處境，引人悲淒。她對於自己的不被看重，感到既傷心又憤怒。直到來到私塾，說完故事，她才看見自己的「討愛模式」。原來，自己一輩子都在跟母親「討愛」，但每次期待都會落空，接著她就感到既失望又憤怒。在這個不斷循環的「討愛模式」裡，她活得好辛苦、好累。

其實這個「討愛模式」，也是很多女性的故事，相信大家一定不陌生。這是傳統社會「重男輕女」價值觀下的產物與遺憾。

「討愛模式」總讓我們覺得自己不夠好，彷彿一定要父母幫你按「讚」，我們才算被肯定，才算過關。大多數孩子對這件事都很執著。但大部分父母是不會改變的，你要等他們來幫你按讚，恐怕這輩子都等不到。因此我經常奉勸：「與其等待父母來愛我們，不如我們自己先把自己愛回來比較快。不要再等了。」

最後一次私塾，淑美給出了新故事。

上週逛百貨公司，她看到很厚的棉襪，摸起來好舒服，她順手拿起了兩雙，想說一雙給母親、一雙給自己。但就在那個當下，她突然想起了「那雙手套」，還有媽媽不領情的冷漠表情，她掙扎了一下，立刻放下其中一雙毛襪，只拿了自己要的這一雙。

「我不想再拿我的熱臉，去貼她的冷屁股了。」她說。大家一聽，紛紛給她鼓掌。她終於脫離了「討愛模式」。

很多孩子都會因爲這輩子我們的父親（或母親）不愛我們，而感到終生遺憾，甚至充滿自責：「一定是我哪裡做的不夠好，所以他們才不愛我。」你也這樣想嗎？

我認爲這件事確實遺憾，但請你不要自責。

人生本來就充滿遺憾。生命中遺憾的事，又何止這一樁呢，不是嗎？很多時候，父母不愛你，不見得是你的錯。

父母無法愛我，很多時候，是因爲他們也無法愛他們自己。換言之，不是他們不愛我，是他們「給不出」愛來，因爲他們「口袋空空」的，身上沒有愛啊。

放過自己，不要再強人所難吧。不要爲難父母，也不要再爲難自己了。

唯今之計，就是自己愛自己。父母給不了你的，我們就自己給自己，「學習自己當自己的好父母」，就是這個意思。

一筆歸一筆，功過不能相抵

很多人無法把自己從小被父母暴力的經驗認回來，除了家醜不可外揚、怕丟臉以外，其實還有幾個重要的原因。

一個是：「我不能說父母的壞話，那很不孝。」光不孝這兩個字，就足以讓你閉嘴。

第二個原因是，我們會以爲：「說父母不好，等於是背叛父母。」

天底下所有孩子對父母都有一種牢不可破的期待：「我一定要得到父母的愛與認同。」潛意識裡，我們把父母當作天、當作太上皇，我們豈能背叛天呢？天生對父母威權的敬畏與恐懼，叫我們不敢去違逆父母。這也是我們不容易說出口的原因。

另外還有第三個原因，這會更讓我們無法開口說童年受傷經驗。我們心裡經常想：「媽媽也不是每次都對我不好，她也曾經對我好過。小時候生病，她也背我去看過醫生。她爲這個家也很辛苦，犧牲了一輩子……我幹嘛還要跟她計較呢？」

這是我們內在一個善良、體貼小孩的聲音。但這卻是最「卡」住我們的聲音。每次當我們這麼想時，故事就出不來了。

其實大部分孩子都是善良的，我們不太會記恨父母，要不是被傷得很深、很重的話，小時候那些偶而不聽話被打、被罵的小事，誰還會記得啊，不是嗎？

因此，如果你曾有個受暴經驗，讓你至今依然無法釋懷，甚至想起都還會隱隱作痛，那就請你不要忽視它。你騙不了自己的，壓抑它也沒有用。它是一隻黑狗、一個幽靈，永遠躲在心靈某個角落裡，伺機而動，在冷不防之下，會衝出來咬你一口。

於是，我才會說：我們得「一筆歸一筆」，請把帳算清楚。有時，功過是無法相抵的。（除非父母對你的愛大過於他們的暴力，足以把那個傷痕給消融。）

什麼叫做「一筆歸一筆」？

就是：如果父母有對我們好的地方，我們要講出來。這很重要，這個愛的經驗會滋養我們一輩子。但如果父母曾有傷害我們的地方，且至今你還「耿耿於懷」的，請你不要忽略它，也要講出來。不然，那個傷是不會過去，而且，你跟父母的關係也會「卡」在那裡，永遠無法彼此靠近。

一筆歸一筆，功過不能相抵。當你如實把每個故事說出來、認回來時，你就超渡了自己，跟自己和解了。

其實，這也是你跟父母和解的最好方式。

從父母那裡，一點一滴拿回自己的力量

一個不懂得拒絕的人，很難走上自己的道路。

對很多人來說，學習拒絕的最大功課就是對父母說「不！」這句話說的一點都不錯。

淑娟從小就很乖、很聽話，尤其是對母親百依百順。她是父母眼裡懂事、聽話的好孩子。

母親管她很嚴，從小學到大學，她被規定每晚九點前一定要回到家，而且不能在外過夜，所以她從來沒參加過派對、露營，更別說出外旅行了。她的青春歲月裡，除了念書，幾乎沒有休閒娛樂，更沒有知心朋友。

考上大學後，淑娟越來越不快樂。

在人群裡，她極度害羞、內向，不知道如何表達自己。除了念書，她不知道自己的人生到底要什麼？難道人活著只是爲了分數、學歷，這樣的人生到底有什麼意義？她很困惑，開始對人生產生質疑。

雖然很多男生對她有好感，但因媽媽反對她交男朋友，所以對所有的追求者，她統統拒絕。直到上了研究所，她才認識第一個男友。但這段戀情不到兩個月就告吹了。原因是，她必須趕在晚上九點前回到家，所以每次約會時她都好焦慮，無法輕鬆的享受戀愛。

畢業後她又談了幾次戀愛，但每次也都無疾而終。她發現在喜歡的人面前，自己都是用討好的方式，她不會、也不敢表達自己的需要，所以每次跟她在一起的人都得去猜她的心思，搞得大家都很累，最後只好分手。

後來上了心理課程，她才漸漸理解：原來自己感情上的問題，跟原生家庭有關。她跟男友的相處模式，就是她在家裡跟父母的應對模式，她都是用忍耐、討好、不出聲的方式。

上完一期私塾，說完故事、深度覺知自己之後，她內在長出了力量，她決定改變自己。

有一次下了班她跟朋友去看晚場電影，快十二點才回到家，媽媽當時在客廳等她，一看到她就破口大罵。以前的她一定不敢吭聲，乖乖站著給媽媽罵。但這一次，她一樣站在那裡，等媽媽罵完後，她看著媽媽說：「妳知道我幾歲了？媽，我三十三歲了，我不是五歲的小女生。」媽媽被她這一說，嚇了一跳，想不到女兒竟然敢頂嘴。

媽媽很生氣：「不管妳幾歲，永遠都是我的小女兒，在家裡妳就得聽我的。」

然後，她竟然也不甘示弱回母親：「我已經長大了。我知道該怎麼保護自己，我的人生，我自己決定，自己負責。如果妳不能接受我長大，甚至不允許我長大，那我也沒辦法。但這是事實，妳否認也沒有用。」哇，這個小女生果然長大了，對父母不再言聽計從。

然後，後面還有更勁爆的。就在她轉頭要進房間時，又回頭跟媽媽說：「感謝妳從小對我的照顧，但我也希望妳明白，妳的責任已了，妳必須放手，讓我長大，不然我會不知道怎麼跟妳相處。媽媽，我很愛妳，但我希望妳能尊重我的生活，不然我就搬出去住。」哇，好有力量。母親聽得目瞪口呆。

一個月後，淑娟搬出去住了。雖然後來媽媽很少再嘮叨唸她，但她覺得自己已經成人，該有自己的獨立空間與生活。她決心獨立自主，不再依賴媽媽，也不想讓媽媽再依賴她。

半年後，有一次而在臉書裡，我竟然看到她張貼了訊息：她交男友了。

哇，相片裡的她笑得好燦爛，完全可以感覺此刻的她是一個幸福的女人。真替她感到高興，她終於從父母身上拿回了自己的力量，並開創出自己的新人生。小女孩終於變成大女人了，可喜可賀。

你有沒有勇氣，變成另外一個人？

人生中最可怕的，不是孤獨，
而是你終日抱著悔恨過日子。

人生最大的遺憾，不是沒有功名，
而是到你死時、都不曾好好過日子、
也不敢去做你眞正想做的事。

生命不要留遺憾，

我們得勇敢改寫自己的生命故事。

一旦我們展開另一種人生，就會變成另一個人，

請問，

你有沒有勇氣，變成另一個人？

變成你想要「成爲」的那個人？

給自己一個家，讓自己願意回家

「周老師你知道嗎?當我決定來跟你晤談後的當天晚上，我男友就跟我提分手了，眞是太神奇了。」

小棋第一次晤談，一開始就跟我說這些話，聽得我一頭霧水。

我很相信榮格講的「共時性」。很多事情的發生，也許是「巧合」，但卻也不是「意外」。無論如何，我都覺得一切的發生，都是好的。

我好奇地問小棋：「爲什麼妳會來找我晤談?妳跟男友之間是怎麼回事?」我邀請她說故事。

「我跟男友交往了四年，當中幾次分分合合，每次我提分手，他都不肯，最後就不了了之。在這樣可有可無的關係裡，我感到迷惘，雖然有男友，卻依然感到孤單。

我很想放手，卻又放不下，心裡很矛盾。」小棋緩緩地說。

「妳說上週男友跟妳提分手，當時妳的感覺如何？」我問。

「當下我很憤怒、很生氣。」咦，怎麼會這樣？妳不是一直想跟他分手的嗎？我心裡想。

「說說看，爲什麼感到憤怒？」我問。

「我有一種被拋棄的感覺。」小棋說的時候，表情依舊憤恨。

我想，這一定勾動到她曾經被拋棄的經驗，這等一下再探討。此刻我更想知道：這幾年她跟男友的相處模式？爲什麼她一直想跟男友分手？我再次詢問小棋。

「我覺得跟他在一起很沒安全感，他都不會主動關心我，我常 line 他，他都已讀不回。有時我下班晚了，他也不會主動打電話關心我一下……」數落著男友的罪狀，小棋感到十分委屈。

「那妳怎麼解釋：爲什麼在這時候男友會突然跟妳提分手呢？」對呀，以前都是女方提，男方不肯，爲什麼男生這時突然想分手，我很好奇。

「可能是上週我們吵了一架，我說了一些話刺傷到他吧。但是，以前我們也常吵架啊。所以我覺得可能是老天爺趁機要我去處理我的感情問題吧。」後面這一段我還是不太懂，我請她再多解釋一下。

「他突然提分手，當下雖然很憤怒，有一種被拋棄的感覺，但過了一天，我卻也『鬆一口氣』，感覺好矛盾喔。」小棋嘆了一口氣，又繼續說：

「或許是老天爺希望我能對自己誠實，不要再緊抓著一份可有可無的關係過日子吧。如果繼續依賴他，躲起來不敢面對自己，那我的痛苦永遠不會結束。所以我也在想，他跟我分手未嘗不是好事，這會逼著我去面對自己。剛好這時候又跟你約了諮商，怎麼會那麼剛好。」我很喜歡小棋的洞見。有時候案主的見解，總有令人意想不到的驚奇。

接著，我回到剛剛那個被拋棄的議題上，或許這是重點。

「過去，妳有被拋棄的經驗嗎？不一定是男友，也可能是親人。」我提醒她。

小棋想了一下，緩緩地說：「我爸爸吧。」

「從小我爸爸就很疼我，常帶我去兒童樂園玩，下班還會買我喜歡的巧克力蛋糕給我吃。但高中時，爸爸有外遇，就很少回家了。那時媽媽很憤怒、很傷心，我也是。我們都覺得爸爸背叛了這個家，他拋棄了我跟媽媽。」

當小棋說完這故事，我就稍微理解了她跟男友的關係。

原來，她的沒有安全感是這樣來的。

沒錯，過度期待男友的關心，想要去掌控男友的行蹤，這些都可能跟她的舊傷（父親的外遇）有關。

一旦舊傷沒有處理好，我們就很自然地就會在後來的關係裡去「投射」過去的陰影。把男友「投射」成父親，或期待男友可以「扮演」自己心目中的「好父親」，來呵護自己，這是補償心理。但這樣不合理的期待，往往會落空的，畢竟男友不是你的父親，當新仇舊恨攪在一起時，就讓小棋更加糾纏了。真相大白。

「現在回到住處，整個屋子都空蕩蕩的，沒有人，讓我覺得好孤單。現在我好害怕回家。」小棋自己在外面租房子，以前男友會經常過去陪她，現在她一個人，感到更加孤單落寞。

於是我又問：「在這時候，男友離開妳，妳卻過來諮商，妳猜老天想讓妳學什麼功課？」我問。

小棋把背靠在沙發裡，深深吐了一口氣，認眞地思考這個問題。

一分鐘後，她緩緩地說：「或許是我太沒安全感、太依賴了吧。我應該學習獨立、學習照顧自己。還有當年父親的外遇，其實讓我很受傷，我對他是又愛又恨，但我一直壓抑自己對他的愛與恨。今天跟你談話，我才發現自己這部分其實還沒有走過。」

小棋分享著此刻內心的領悟，卻又若有所思：

「但我內心就是如此渴望有人愛我，也很渴望有一個家。我眞的很孤單，這該怎樣辦呢？」

這個渴望是如此眞實。我想，或許這也是每個人靈魂深處的渴望吧。

我不知道該怎麼回應小棋。因爲「**愛無法外求，愛是必須先從自身發生的事。**」「**你得先愛自己，別人才會愛你。**」這樣老生常談的論調，我猜此刻她大概無法理解接受。

於是，我這樣問小棋：「如果有個男人很邋遢，不會照顧自己，把重心都放在別人身上，妳覺得這樣的人是愛自己嗎？」

「當然不是。」小棋立刻回覆。

「那妳會喜歡這樣的男人嗎？」

「絕不可能。」她回得很堅決。

「那妳喜歡怎樣的男人？」

「我喜歡會生活、會照顧自己，也會照顧我的男人。」

「喔，是嗎？那會不會其他男人也喜歡這樣：會愛自己、照顧自己、把自己生活過好的女人呢？」我順勢推到這裡，小棋似乎懂了。

「如果目前妳還沒找到那個愛妳的人，那我們是不是該先自己照顧自己，如此別人才會依照妳對待自己的方式來對待妳呢？或許我們該先學習愛自己吧。」我給出這個想法。

小棋聽著，坐在沙發裡若有所思，似懂非懂。我乾脆說得具體一點：

「舉例來說，妳可以把自己的住處，好好整理一下，讓它變得乾淨明亮、煥然一新，縱使是租來的，但它也可以是妳的家。妳的家，不用別人給，你可以自己給自己一個家。當妳住的地方變得美輪美奐時，妳是不是就會更想回家呢？這就是愛自己的方式之一。」愛自己這件事，其實一點都不抽象、不難。

此時，小棋眼睛突然亮了起來。她想起小時候放學回家時，媽媽都會把家裡整理的乾乾淨淨，讓她感到很舒適、安全，喜歡回家。

聽到小棋這麼說，我就安心了，她理解我在說什麼。然後，我們結束了這次晤談。

隔了一個禮拜後，當小棋再來時，她不一樣了。

一坐下來，她就迫不及待地告訴我，她回去後，幫自己買了新的床單、換上新的窗簾、而且還開始下廚煮自己喜歡的東西給自己。

她興奮地說：「現在早上起床，我都會把房間整理得乾淨整齊、被子疊得像五星級飯店的床鋪，看到自己房間如此整齊，心情馬上就變明亮了。」

哇，好有行動力。我喜歡這樣有行動的個案。

行動就是力量。有行動力，就有新故事，這樣的生命轉換，是驚人的。

此刻在我眼前的小棋，是如此明亮耀眼、充滿活力，就像她的房間一樣，跟上次說「不知道自己爲什麼而活」的小棋簡直判若兩人。

聆聽著小棋的新故事，感染著她的生命力，我突然感覺到：嗯，我做這份工作還滿有價値的。當下此時，我也被她 empower 了。

原來，月經是我的好朋友

有些事情，只有女人能做，男人做不了，比如說：生孩子。

有些事情，只有女人會有，男人不會有，比如說：月經。

我不是女人，無法體會女人月經來時身心的不適與痛苦，但我猜，一定很辛苦吧。

月經不順，不知何時開始成爲現代都會女子的煩惱。一位本身也是醫生的女性朋友告訴我，月經失調跟壓力、情緒有關。現在的女性，壓力眞的太大了。

我不是學醫的，不知道月經順不順，是否眞的跟心理壓力有關，但我卻驚訝的發現：許多女性朋友在上完我的課後，月經原本很久沒來的，卻因爲在課堂中說出創傷故事之後，有人下課就立刻衝去廁所，然後，「它」就來了。沒騙你，就是這麼神奇。把故事「倒出來」，身心就通暢了。

有一次上課，一位女學員分享了一個跟月經有關的好故事，叫所有女性朋友驚艷不已。

幾年前她到西班牙念書，當時與一位喜歡接觸靈修的室友住在一起。她說：

「每次室友月經來的時候，都會請三天假，讓自己消失，然後一個人開車到森林或海邊度假。在這三天裡，她會關手機、斷絕與外面的聯繫，讓自己全然地安靜獨處。她會一個人漫步在森林中，唱歌、跳舞、禱告，安靜地浸泡在大自然的日月精華裡，讓身心得以全然放鬆。

然後，每次室友結束三天閉關回來後，我都會看見一個精神飽滿、發光的女人，出現在我面前。」

聆聽這個故事，叫在場的每個人眼睛都發亮。

「這個女人，怎麼可以這麼愛自己！」眞叫人羨慕。在我們的文化裡，沒有女人是這麼做的。因爲，沒人教。

不信你看，我們文化是如何看待月經這件事的？

我猜，多數母親大概從來不會跟自己的女兒說：「月經來的時候，妳要好好照顧自己。」這樣的話，是嗎？我很好奇，你母親是怎麼跟你說月經這件事的？當它第一次來時，你會惶恐嗎？有人教過你嗎？各位女性朋友或許可以回想一下。

生活裡，我常看見很多女性朋友，既使月經來痛的要命，卻依然咬著牙、繼續忍耐工作，不給自已休息。

我也知道，其實不是她不想給自己休息，是我們的文化裡「根本沒這回事」。

「月經其實是女性的寶貝。它是女人獨有的東西、是女人的朋友，不是敵人。它在幫女人調節身體能量、甚至排毒。它是一個訊號，讓女人了解自己的身體狀況。」一位長期靈修的女性友人這麼跟我說。

是喔，這是新見解。

我想，這樣的「語言」可能會叫女性安心許多吧。你的父母有這樣跟你說過嗎？應該沒有。父母沒有、老師沒有，教科書也不會這樣教你的。相反的，傳統社會對月經卻是充滿了偏見與污名化。「唉呦，好髒、好污穢喔」，不然就是「這不能說、這很不吉利」，是嗎？

親愛的女性朋友，該給月經一個「新位置、新說法」了（去汙名化）。

「原來，月經是我的好朋友。當月經來的時候，它只是在提醒我：我要好好照顧自己。」如此而已。

很感謝這個好故事，它教會我課堂上的女性朋友，如何善待自己。這是一個很美的「解構」故事。

當你已經沒什麼好再失去時

當你一無所有、人生再也沒什麼好失去的時候，恭喜你，此刻正是你義無反顧、勇往直前去做你自己喜歡的事情的時候了。

那一天，學員給出一個精采故事，叫每個人聽得目瞪口呆。

他的故事，如此震撼。

他的母親患有躁鬱症，情緒很不穩定，經常打他、罵他。不只如此。父親爲了賺錢養家經常外出，因此照顧母親的責任就全落在他身上。國小開始，每天下課後他就得衝回家煮飯，直到現在。

他說：「在十五歲那年，我就覺悟了，我是沒有母親的。」

他認命了。

認命，讓他勇敢承擔起照顧母親與家裡的責任（他是獨子）。於是，他當起了自己的母親（自己照顧自己），也當起了母親的「母親」（照顧全家人）。

這個故事太深刻了，有人早已潸然淚下。內心引發好多共鳴。

它深深觸動了每個人生命底層裡的某個記憶：

「是的，你也有一個失功能的父母嗎？你也曾經被迫提早長大嗎？你也是一個沒有童年的孩子嗎？」

透過這個故事，我們趁機把小時候那個「被迫提早長大的孩子」給擁抱回來。

後來，這位生命勇士又告訴我們，因為知道自己沒有母親，自己必須靠自己，於是也讓他長出了許多能力與求生技能。**他認命，但不認輸。**

大學開始他就到處打工。餐廳端盤子、做調酒師、學做麵包、學做菜、當廚師，甚至最後他可以一個人「獨當一面」負責餐廳所有的飲食烹調。那時，他才二十五歲，卻是一個巨人。

我們簡直不能相信自己的耳朵。

正當大家聽得目瞪口呆、滿心佩服之際，他卻淡淡地說：「這也沒什麼，反正我已一無所有、已經沒什麼好再失去的了，所以心裡沒負擔，想做什麼就去做。」

他解釋說：「每次打工，我都是抱著好玩又認眞的態度全心投入的，做這些事不是光爲了賺錢，我是充滿樂趣的，所以每一件事都能做得開心又做到最好。」哇，他一點都不像家庭的受害者。

那一天，我們陶醉在這個美好的故事裡，每個人都得到新啓發。

這個故事，開啓了我們對人生困境的新觀點：

原來，失去也沒什麼好可怕的。

原來，沒有一個好母親也沒什麼大不了的。

原來，你所失去的，老天爺都會「加倍奉還」給你。

你可以認命，但請不要認輸。當你一無所有時，生命反而給出強大的力量，叫你義無反顧、勇敢去做自己眞正想做的事。反正，你已經沒什麼好再失去的了，不是嗎？

第六章
療癒自己，
就是給孩子最好的禮物

孩子是一面鏡子，
幫助我們看見自己。
是的，你不用完美，
只要「夠好」，就好了。

修補生命的洞

如果你生命裡有一個洞，
請你好好修補它。
不管這個洞是誰造成的，都不重要了，
重要的是：
你得好好把那個洞補起來。
不然，別人給你再多的愛與善意都沒用，你統統收不進來。

所有的愛與美好，都會從那個「破洞」流失掉。
如果你生命裡有個傷口，請你去療癒它、爲它上藥。
不管這個傷是誰造成的，那已經不重要了。

現在最重要的是：
你得學會、
好好爲自己療傷，好好愛自己。

請站回母親的位置，讓孩子的生命安穩

在我們文化裡，母親的角色是辛苦的。

因爲我們的文化對母親總有太多期待，甚至有些是不合人性的期待。因此，現實生活裡到處都是充滿焦慮的母親。在此，先澄清一下，在我的書裡，雖然講了很多「不完美母親」的故事，但現實裡，不是每個母親都是這樣的。我依然相信充滿愛、願意善待孩子的好母親仍是佔大多數，不是每個母親都跟我母親一樣。

同時，我也理解：沒有人故意要當壞母親。相反的，每個成爲母親的女人，幾乎都想當一個好母親、都想跟自己孩子互動良好，不是嗎？（除了少數內心傷痕累累、卻又沒有覺知的母親例外。）

「但爲什麼我這麼努力，卻還是無法讓孩子滿意呢？」你也有這樣的疑惑嗎？

我不是母親，無法回答這個問題。但我是孩子，我知道，其實我需要的，只是一個快樂的母親、能夠傾聽的母親，還有對我的生命全然信任與尊重的母親，那就夠了。對我而言，這就是好母親的定義。

我不知要如何去定義「完美母親」，但我想，不管你再怎麼努力，大概都很難成爲孩子心目中那個「完美母親」吧。

唉，人生，盡力就好。我喜歡客體分析學派說的：「你只要當一個『足夠好』的母親就好。」用我的語言會說：「你不用當一個完美的母親，但請你當一個會反思的母親就好。」

然而，什麼叫做「會反思的母親」呢？我來說個故事，你就懂了。

我很喜歡伊莉莎白．萊瑟這個作家。她是個靈性工作者，她很眞實、也很勇敢的面對自己生命的不堪，你去看她寫的《破碎重生》這本書就知道。

這本書講的都是她生命中不完美的故事，包括她的外遇、破碎的婚姻，以及爲人母的艱難，她統統攤在面前給你看，毫無保留。如她書上說的：

當我的婚姻與外遇都破碎時，我一無所有，只剩下最人性的自我。不再假裝我可以擁有完美的人生，現在我知道自己是有缺陷的，能夠犯下罪，也能夠愛。

我愛極了這段話。當人可以如實面對自我時，生命就得以絕處逢生。

關於爲人母，她給出的寶貴經驗是：「養兒育女是一場讓人敬畏的冒險。爲人父母的所有階段都是一條有著神秘轉折的靈性之路。」同意。

伊莉莎白有兩個孩子，對母親這個角色有著深刻體驗。孩子就是我們的一面鏡子，在鏡子面前，你無所遁形的。那個隱藏在內心眞實的你，絕對會「原形畢露」。如果你有勇氣照鏡子的話。

書裡，伊莉莎白說了一個好故事，很感動我。

在她離婚後，她對自己、對孩子充滿罪惡感，因爲她覺得不能給孩子一個「正常」

的家庭，她很自責，覺得自己不是一個好母親。

但自從發生那件事以後，讓她開始正視自己內在罪惡感是如何剝奪了她做母親的責任。

故事是這樣的：她有兩個孩子，讀小學。冬天戶外下雪，孩子就只能在室內玩耍。孩子發明了一個擊球的遊戲，於是每次放學，一大群社區的孩子都跑到她家客廳裡玩擊球遊戲。從此，她的客廳變成了球場。

剛開始她很放任、也很「容忍」。因爲，她希望孩子快樂。

但漸漸地，她越來越覺得「不對勁」。每次這群孩子來到，必定吵翻天，但有時的她，很想安靜。而且，這個家是需要一個「可以休息的客廳」的。

一天下午，她受夠了。一想到傍晚會有一群孩子到家裡玩鬧，她立刻頭皮發麻，恨不得鎖上門窗把所有孩子都關在外面（包括她兩個孩子）。於是，當下她做了一個決定：「這是最後一次了」。她決心要奪回她的客廳，讓家裡恢復「正常」。

那一天，孩子打完球，當其他孩子都心滿意足的回家時，她把兩個孩子叫過來，請他們把一直靠在角落被冷落已久的沙發搬回到客廳中央。當下，孩子一聽到這是最後一次時，彷彿面臨世界末日般，跟母親嚴重抗議。但這一次，母親堅決。因爲，「我們需要一個客廳，我們需要讓家恢復正常。」

後來，孩子們央求母親，明天讓他們玩最後一次，他們會同時錄影留念。合理，這是好溝通。伊莉莎白同意了。

隔天，孩子們開心地玩著最後一場的擊球，她則在一旁觀賞，享受著孩子的歡樂笑聲、並感染著他們的春春活力。「最後一次」，這個決定讓她感到放鬆、內在有一種莫名的安定感。

遊戲結束後，她跟孩子一起合力把客廳恢復原狀。那晚，她終於奪回了自己的客廳。

晚餐過後，她一個人，獨自坐在客廳沙發裡，壁爐裡的火劈哩啪啦響著，她喝著紅酒，深切反思著這段時間的自己。書裡的文字描述精采的很：

我坐在那裡，當壁爐的火溫暖了我的臉時，這些冰冷的事實卻使我心冷。在寂靜中，沒有事情讓我分心，於是一股熟悉的絕望感降臨，劫持了我的心。但我沒有站起來、去洗碗，或者打電話給朋友，而是讓自己沉入羞愧與悲傷的濃湯之中。淚水蓄積在眼裡，然後流下我的臉頰。

當火焰嗶剝作響，我邊哭邊小口喝酒時，我想起最近有人告訴過我一件很好笑的事，便大聲說了出來：「正常。是一個你不太熟悉的傢伙。」然後，我凝視著火焰笑了，並舉起雙手宣布：「我投降了。我不正常，也永遠不再正常。」

是因爲酒嗎？還是火焰？或者是擊球的終結？我不知道。**但在那一刻，我意識到該讓「正常」死去了。**

我清楚地知道：我的一些放任式的養育作風是基於尊重孩子的自然狂野，我喜歡這個部分，決定保留。但我有些寬容的作法，是來自我對離婚的內疚，以及我錯認：正常的家庭就是永遠快樂的家庭。現在該是放下這部分想法的時候了。」

哇，好細膩深刻的反思。厲害。

沒錯，每個人內在都有「很多個我」同時並存，對每一個「我」，我們得細細聆聽、仔細辨識。這是一種修練的功夫。

其中很特別的一點是：最後她發現到當她跟孩子宣布「這是最後一次」時，當下孩子雖然滿心不情願，但她同時也發現：「在他們的失望之中，我卻感受到我的兩個兒子鬆了一口氣」。請注意這句話，這是什麼意思？爲什麼孩子會「鬆了一口氣」呢？

每次課堂我講到這個故事，都會特別強調這個「重點」——沒錯，「媽媽回來了」。

當我們不再討好孩子、並適切去行使我們做母親的權威時，孩子反而會有一種安穩、安定感（雖然有時也會抗議）。因爲，母親終於站上了「媽媽的位置」了。是的，每一個孩子，都需要一個「有擔當、負責任」的母親。

適當管教孩子，是做父母的責任。適當的權威與指導，會讓孩子的生命才有了依循、內心有安全感。（但記得，適當就好，也不要管太多）

我從來不認爲單親家庭、父母離婚就等於是「不正常」家庭。這是社會的偏見。

人生本來就不完美，包括婚姻、家庭，這些我們統統得接受。但不完美不等於不正常，如何從不完美中，學習包容與接受，這才是我們的人生功課。

如果無法接受婚姻的破碎，內心充滿愧疚、自責，甚至爲了「彌補」而去討好孩子，如此，你不但看輕、折磨自己，也讓孩子感到「漂浮」。

請注意，不管你的婚姻還在不在，你永遠都是孩子的母親（或父親）。這個事實，永遠都不會變的。

孩子是需要母親的。請站回到「母親的位置」上，給孩子該有的愛與管教，如此，孩子的生命才會安穩。這件事跟你離不離婚，無關。

溫馨提醒：做女兒的，也要站回女兒的位置

家裡，每個角色都有它的功能。如果你是爸爸，就扮演好爸爸的角色；你是媽媽，就做好母親的角色；你是女兒，就扮演好女兒，這就是「倫理」。

孔子《倫語》講的：「君君，臣臣，父父，子子。」就是在講倫理關係。大到國家，小至家庭或機構，如果每個人都能站上自己的「位置」，扮演好自己的角色，那麼就

「天下太平」了。

就是有人不肯負責，不願意去扮演好自己的角色，才會叫周遭的人如此折磨受苦。

從事心理工作多年，我看過太多人的議題，都跟「家庭序位」亂掉有關。

很多家庭，沒有爸爸。不是說爸爸過世，而是「缺席」。傳統的父親因為需要出外工作，經常加班忙碌，一天到晚不在家，除了提供經濟來源外，那個爸爸幾乎「無功能」。這就是「缺席的父親」。

有些家庭則會出現「失功能的母親」。

所謂失功能不是指母親不會做飯、不會做家事，而是指無法用心照顧孩子、回應孩子身心需要、無法給出愛的母親。這樣的母親，本身也可能來自一個「失功能的家庭」。

我看過很多家庭因母親失功能，於是家裡某一個成員就會被迫「自動替補」母親的位置，成為家裡的救火隊。例如，做大姊的就會去照顧弟妹，操持家務，於是她就替補，成了弟妹的「母親」。

當女兒成了「替代母親」就因此被迫提前長大，被迫失去童年，失去一個做女兒該享有、該被對待的方式。

這樣的女兒長大以後，很可能會變成一個理性能幹的女強人，她不會撒嬌示弱，不管在哪一種關係上，她都會繼續扮演別人的「母親」，會不自覺地想去照顧周遭所有的人。

這樣的「生存模式」，沒有不對，但會叫她一輩子辛苦。

如果你曾經是這樣的孩子，而且你也覺得夠了，那就請幫助自己，讓自己「重新站回到女兒的位置」吧。不然，你會一輩子都在當別人的母親，永遠忙不完。最後，也想提醒你：當你這樣做時，不會有人感激你的。

爸媽不快樂，孩子也不會感到幸福

有一天，小慧在我的臉書裡留言，說她看了我的書《把自己愛回來》之後，讓她好好去面對了自己過去離婚的創傷，她說：「我的婚姻會走到這個結局，其實都是因爲我不夠愛自己。」

後來，小慧又報名參加我的工作坊，她想進一步去探索：「爲什麼我不愛自己？」上完課後，她在自己的臉書，寫下了這段話：

> 原來我的婚姻，是「複製」了父母的婚姻。我跟我母親一樣，都用忍氣吞聲的方式去討好丈夫，我們都不太敢說出自己內心眞正的渴望與想法，所以我的另一半也都沒有機會去了解我。其實，我跟我的母親一樣，我們都不夠愛自己。

小慧勇敢地當眾分享自己的反思與看見。佩服！

但，故事還沒完。

上次我在台北帶工作坊，來了一位婦人，大約六十多歲。一開始自我介紹，她就很緊張，拿起麥克風說話，連手都在發抖。

她說：「我會來上課，是女兒幫我報名的，因爲她知道我不快樂。我有一個不快樂的童年，小時候我媽經常批評我、否定我，我心裡很受傷，長大後變得很沒自信……」才剛開始自我介紹，她就侃侃而談、說起自己的故事了。

「我母親對我的影響很大。我的先生、女兒都很愛我，照理說我現在應該很幸福才對，但我就是快樂不起來。我女兒說她受我影響很大，看了周老師的書以後我才知道：母親對一個孩子的影響有這麼大，所以她就讓我來上課了……」

然後，她就劈哩啪啦地，說起自己的童年故事。說的時候，手依然不聽使喚地顫抖個不停，但她還是努力地把故事講完。

聽完後，我問她：「我發現妳剛剛很緊張，但妳還是堅持要把故事說給大家聽，爲什麼呢？」

她回我：「因爲我愛我的家人，我不想讓他們再擔心我。我希望我可以帶給家人正能量、正面的影響力。我知道我快樂，他們就會更快樂。」完全同意。

最後，她又告訴我們：就在今天早上她出門時，發現女兒竟然幫她準備一個漂亮的手提袋，裡面裝著她喜歡的水果點心，還有一個紅包袋。

大家一聽，紛紛羨慕地驚呼：「哇，好幸福啊。」

然後我笑著說：「好感動喔，媽媽出來上課，女兒竟然還幫媽媽準備『書包』。書包裡面還裝點心與紅包。厚，這女兒太貼心了，怎麼媽媽突然變成了女兒的『女兒』了？」大家聽了，哈哈大笑。

第二天早上上課，婦人又說了：「昨天下課回到家，感覺輕鬆很多，連我女兒都看得出來：『媽媽不一樣了』。昨晚我很早就睡了，一覺睡到天亮，我已經很久沒有這樣了。或許是我終於放下小時候母親對我的傷害了吧。」大家很替她開心。

工作坊結束後第二天，我帶著自己上陽明山，到山上散步，下午再跑去北投泡溫泉，這是我慰勞自己工作辛勞的方式。

晚上一回到家，打開臉書，就看到小慧在我臉書裡留言：

「周老師，感謝你幫我媽媽療癒她過去小時候的創傷。昨晚她上課回來後，整個人都不一樣了，神情變得好輕鬆，而且氣色紅潤。我終於找回了快樂的母親。很開心。」

哦，原來那位婦人是小慧的母親。我又驚又喜。

我回小慧說：「妳母親很勇敢喔，緊張到手發抖都還是要把故事講出來。我很感動妳讓她來上課，我想這是妳對她的愛吧。」

她很快地回覆我：「是啊，這是我唯一能為她做的事。我知道母親受到她自己的母親影響很大，但我又何嘗不是呢？我受母親的影響也很大，包括我的婚姻……我真希望母親跟我一樣，可以被療癒，所以我才跟母親說：『媽媽，我愛妳，但我不能給妳快樂，妳必須去療癒自己，如此妳才能得到真正的快樂。』」

原來如此，她辦到了。

媽媽不快樂，孩子就無法享有一個幸福的家。我始終相信。

其實，要帶給家人快樂最好的方法就是：你自己先快樂起來。這是我最大的發現。就如同《與神對話》作者尼爾．唐納．沃許所說：「**你若想得到這個世界最好的東西，先提供這個世界最好的你。**」

各位爸媽們，請不要妄自菲薄，記住：你很重要。

請想辦法讓自己快樂吧，只要你過得好，你就爲這個家帶來更多的陽光，你就爲你的孩子做了最好的「示範」——如何成爲一個快樂的人。

療癒自己，讓自己快樂，這就是你給孩子最好的禮物了。

學會放棄，讓生命解脫

放棄完美，

放棄控制，

放棄「我應該有一個好父母」，

放棄「我的人生應該完美」，

當你不再執著時，你的日子就快活。

放棄你「沒有的東西」，

不要執著，於是你就可以擁有「你想要的人生」。

學會放棄，讓生命解脫。

放棄，是一門不錯的生命功課，值得我們一生修練。

當「快樂的爸媽」比當「模範父母」更重要

父母對家庭的犧牲，如果不是出於愛，那寧可不要。

母親節前夕，一位個案告訴我，她媽媽今年被提名了模範母親，週六要去接受表揚。個案說這話的時候，苦笑了一下，表情顯得有些無奈。

媽媽當上模範母親，不是應該開心嗎？怎麼會苦笑呢？如果你知道這個案的故事，必定也會苦笑。

她跟我說：自己從來沒被母親擁抱過。媽媽重男輕女，從小就偏心哥哥、弟弟，她像空氣一般、可有可無。事情做得好是應該的，但只要犯一點錯，不是被罵、就是被打。

她國中時，父親因病去世，媽媽要她半工半讀幫忙家計（但哥哥弟弟不用）。

「雖然媽媽做生意扶養三個孩子很辛苦，但老實話，我跟母親的距離很遠，她一直把我推得遠遠的。我很努力念書、賺錢，很想得到媽媽的肯定，可是直到今天，就算我事業有成、自己也當母親了，她卻從來沒有對我說過一句肯定的好話。」

說完這話時，她臉上浮現出一種深深的哀傷。

跟我談過幾次以後，她漸漸發現：自己的生命腳本裡，有一種「需要一直努力、一直努力，絕不能停下來的生存模式」，原來這跟母親有關。「我發現我一直在討好母親，希望得到她的認同。這就是我需要一直努力，無法停下來的原因。」她恍然大悟。

然而，不管她再怎麼努力，卻永遠也得不到母親的讚美與認同。很悲哀！在不斷地努力討好與失望的循環中，她漸漸失去了自信，也失去了自尊。她開始自暴自棄，覺得自己不值得被愛（這部分同時也顯示在她婚姻的關係裡）。

現在，她終於認清了：「原來這不是我的問題」。母親不愛我，這跟她從小根深柢固的重男輕女觀念有關，也跟母親從小被虐待的經驗有關。她想通了。

於是，她終於「放下」了對母親的期待，也「放棄」了要母親肯定她、愛她的念頭。然後，她開始把注意力放回到自己身上，先去滿足自己的需要，而不是別人的需要。幾個月後，她的生命終於解套了。

這是一個典型傳統文化對一位女性壓迫的故事。如果沒有自覺，這樣的壓迫還會「代代相傳」。

一個從小就被物化、被虐待的女性，等她當上母親以後，自然就會去「複製」以前別人對待她的方式，這很自然。因爲，「你不能給別人你身上沒有的東西」。我們的傳統文化對女性是有所虧欠的，你光看「模範母親」的樣本就知道。

歷年來，怎樣的人可以當上「模範母親」呢？你看，社會所給的「範本」，永遠是：吃苦耐勞、犧牲奉獻，最好是丈夫早死，女人爲了孩子不改嫁，含辛茹苦獨立扶養孩子長大。還沒完，最好兒子長大後，成爲社會菁英、念博士、當上政要，那就更完美了。

這就是社會所給的「犧牲奉獻」標準模式。在這個模式裡，鼓勵母親們要「犧

牲自己」，卻不鼓勵母親要「活出快樂」。

當然，我不是說母親犧牲奉獻不對、不好，只是，如果一個孩子的成就，是需要靠母親犧牲自己的快樂，甚至健康而獲得，那眞叫人情何以堪啊？請問：如果是你，你會希望母親爲了你，每天憂愁度日嗎？如此價值觀，我深深質疑。

老實說，我寧願我的母親，快樂就好。但我的母親一點都不快樂。她從小就是在這樣的「犧牲奉獻模式」裡長大。

母親從小學二年級開始，外公就叫她不要上學，去市場賣菜養家，母親在她原生家庭裡是被嚴重物化的女性。進入婚姻之後，她帶著過去的傷痛、愛的匱乏與巨大的生存焦慮，繼續實踐她的「犧牲奉獻模式」，而且我很清楚：母親這樣的犧牲奉獻，絕不是出於愛，而是出於習慣、討好，甚至是恐懼（如果不犧牲，就會被父母責罵）。

當女性從小就學會：「我必須犧牲，才有價值，才能被大人喜愛」時，在這個**犧牲裡面，只有恐懼，沒有愛。沒有愛，你就不會成爲好母親。**就像我的母親一樣。她的脾氣非常暴躁，一邊爲家庭犧牲，卻也一邊抱怨不停，彷彿全家每個人都虧欠了她。從小生活在她的「情緒暴力」裡，叫我們痛苦不堪。

一個不快樂的童年，將會深深影響我們的成年生活、人際關係、婚姻與健康。我看過太多成年人，雖然表面風光、事業有成，但心裡卻荒涼得很。因爲在我們心裡，缺少一顆「快樂的種子」。這顆快樂的種子，就是小時候，父母對我們的愛。

很可惜，我們的社會只看到父母「表面」的犧牲，卻看不到「實際上」父母帶給孩子的情緒暴力與心理創傷。

如果從世俗的標準來看，我的母親也絕對夠資格當上「模範母親」的。但我在想：既使她風光地去領了一面獎牌回來，那又怎樣，在我們孩子的眼裡，她依然算不上是一位好母親。人不能欺騙自己。

其實，你是不是好父母，這件事不該由「外人」來評斷。如人飲水，冷暖自知。最有權利評斷的人，就是你的孩子，不是嗎？你敢不敢去問孩子：「我是不是好父母？」

寫這樣的文章，不是要跟大家唱反調，也不是要去否認母親爲家庭犧牲奉獻的辛苦。只是想邀請大家一起反思：如果一位母親只知道犧牲，卻不快樂，那麼這樣的犧牲奉獻，還有價值嗎？而且，這是孩子要的嗎？

眞的，犧牲奉獻如果不是出於愛、出於「心甘情願」，我寧可不要。因爲這樣的犧牲是有條件的，如果沒得到回報，一定怨天尤人，最後搞得全家雞犬不寧。

很多父母經常用自己的犧牲去控制孩子：「我爲你犧牲這麼多，你怎麼可以不乖、不聽話……」這種話，你熟悉嗎？請相信我，沒有一個孩子喜歡聽到這樣的話。犧牲是你自己願意的，請不要去「勒索」孩子。

好，就算你是出於愛爲家庭犧牲，麻煩你，千萬也要有個「底線」。過分犧牲自我，眼睛只盯著孩子看，永遠把自己的需求放在最後面，甚至放棄自己的時間、朋友、興趣、娛樂，這樣的父母就是「不愛自己」。

父母，永遠是孩子生活上的榜樣，如果你不愛自己，你的孩子就會從你身上學到這件事。而且，當你不愛自己，你就不會眞正快樂，你不快樂，你的孩子也不會快樂。

親愛的爸媽們，如果眞的愛孩子，請你不要光犧牲奉獻，請學會先「愛自己」，讓自己快樂吧，這其實也是所有孩子最樂見的一件事。不信，你去問孩子看看。

溫馨提醒：你的快樂不需掌握在別人手上

有聽過這樣的話嗎？

當我們跟父母親說：「爸媽，你們要快樂喔。」

我猜，很多爸媽馬上會說：「孩子，只要你考一百分、乖乖聽話，我就快樂了。」

喔，拜託，請不要再這樣說了。這是一種「控制」的語言。

而且，如果你的快樂需要建立在「別人做了什麼，符合你的期待，你才會快樂的話」，那我保證：你一輩子都不會快樂的。

你敢不敢跟孩子這樣說

前陣子我收到了這封信，看完後，當場紅了眼眶。信上寫著：

周老師：

在世人的眼光和標準中，我的金孫是天生第二十一對染色體沒有分裂成功的唐寶寶。但是，他在父母及我們外公、外婆的眼中，卻是上帝所賜予的完美禮物。從他身上，我們學到了愛的功課。

當我們和早療老師們以無條件的愛來接納他，並耐心啓發他的潛能時（雖然他的反應比較慢），此時，我們自己也得到療癒了。

謝謝您的書，讓我們認回自己不完美的人生與孩子，在這個故事療癒的路上，我充滿感恩，完全領會到上帝所給予的恩典其實很夠用了。上帝的愛，在人的軟弱上完全彰顯。

敬祝暑安！

哇，好大的接納。令人感動。

但同樣的故事，我卻聽到另一個版本。

一位上課學員告訴我，她的妹妹是自閉症。她說：

印象中，媽媽很少帶妹妹出門，即使在家裡，媽媽也都要把家裡的窗簾給拉上，深怕給鄰居看到。

而且媽媽經常抱怨嘆氣，覺得自己上輩子一定是造了什麼孽，今生才會生出這樣的孩子。因爲無法接受這樣的妹妹，母親成天愁眉苦臉，連帶全家都陷入愁雲慘霧中。

這個故事，叫人心疼。

我常說：當你可以全然接受孩子，接受「他是怎樣，就是怎樣」時，你就愛了你的孩子。愛，其實很簡單。

是的，生命是如此不完美，或許上天就是要我們在這樣的不完美中，學會愛吧。

親愛的朋友，愛很簡單，你敢不敢跟你的孩子這樣說？

孩子，請你聽清楚：

不管你功課好不好，不管你考第幾名；

不管你智商比別人高或低；

不管你長得美或醜；

不管你以後做什麼工作（只要是正當工作就好）；

不管以後你跟誰結婚（或是不結婚也可以）；

不管你長大以後，愛男生或愛女生；

不管你一個月賺多少錢；

統統沒關係，爸爸媽媽一樣都愛你。
不管你怎樣，記得，你永遠都是我的孩子。
我們對你的愛，
不會因爲你跟別人「不一樣」，而少一分一毫。

請問，你敢跟你的孩子這麼說嗎？
如果你敢，我佩服你。同時我向你保證，你孩子的心性將一輩子因此安穩。而且，他將會感念你一輩子、愛你一生。
這就是「無條件的愛」。這樣的愛，就是我們能給孩子最大的禮物與幸福了。
但我也經常在想：「給出這樣的語言，有這麼難嗎？」
是很難。難在，我們有沒有勇氣「打破」自己，打破那要命的完美主義、打破那「該死的面子」。
愛是要學習的。愛是我們這一生中，最偉大的功課。人活著，終其一生都是爲了愛。愛是一切。這是我年過半百，最深切的體悟。

每個孩子本來就是「不一樣」，每一個孩子都是獨特的。孩子是天使，他們是來陪我們一起做「愛的功課」的天使。

如果可以，請跟你的孩子說：「你什麼時候開花都可以」，甚至「就算你不開花也沒關係」。

如此話語，給出了極大的允許與接納。如此話語，將使你的孩子一輩子感到安穩與被愛。

愛，其實就這麼簡單。

十個「不要」，讓你成爲孩子心目中的好爸媽

爸媽們，你們很重要。如果愛我，請你們不要這樣做。

1. 請你不要妄自菲薄，看輕自己。

父母是孩子的一面鏡子，我們永遠是孩子「模仿」的對象。

如果一個做父母的不愛自己、看輕自己，甚至自我嫌惡，孩子就會從你身上學到這件事。

一個嫌惡自己的父母是不會快樂的。爸媽不快樂，孩子也不可能快樂。

尤其，母親往往是一個家庭氣氛的主要「創造者」。根據研究，母親對一個家庭、對孩子的影響，往往大過於父親的影響。請各位媽媽們，不要再看輕自己、妄自菲薄。

記住，你很重要。

2.請你不要太焦慮。

現在的媽媽普遍都很焦慮，但這不能怪媽媽，這個焦慮跟我們的主流價値、社會期待、文化有關。

我們的社會文化，對媽媽總有過多的期待，彷彿孩子的功課好壞、身體健康與否，全部都是媽媽的責任，眞的是這樣嗎？

昨天一個個案（她是母親）告訴我，上週她的孩子跟她說，從小只要媽媽一靠近他，他就很焦慮。因爲，他可以感受到媽媽很焦慮。媽媽的焦慮，會「傳染」給孩子，讓孩子也很焦慮。

媽媽安穩了，孩子就安穩。

如果願意，請讓孩子爲自己的功課負責吧。這個世界，還有比功課、比分數更重要的事。譬如說：親情、愛的陪伴、快樂、健康。

3.請不要用你父母的模式當爸媽

如果沒有覺察，很多人都會用「自己父母的模式當爸媽」。除非你父母是個完美的好爸媽，不然，請不要再去「複製」自己父母的腳本。有太多媽媽（個案）來跟我談親子關係，每次我都會問她：「你總是擔心你的孩子，這個擔心跟誰學的？」「以前是誰對你也是如此控制、不放心呢？」屢試不爽，現在我們跟孩子的親子關係，幾乎都是小時候我們跟自己父母的「翻版」。

如果你覺得夠了，請「改寫」自己的生命腳本，不要再活得跟自己的父母一樣焦慮、不快樂。

4.請不要去物化你的孩子

昨天一位媽媽（讀者）寫信告訴我，看了我的書《擁抱不完美》後，她勇敢地去跟孩子懺悔，跟孩子說：「對不起」。

她說兒子從小學一年級開始，就被她逼去學鋼琴，一直到上國中才停止。她回想起來很後悔，因爲兒子的童年過得很不快樂。同時她也坦承，讓孩子學鋼琴其實是出於自己的「虛榮心」，她希望孩子能夠優秀有藝術成就，好讓她可以在親友面前炫耀，並證明自己是個好母親。

很多父母都在「物化」自己的孩子。切記，孩子不是你的「資產」，更不是你的「名牌包」。

孩子比面子還要重要。拿孩子來炫耀自己，這不是愛，這是「匱乏」的象徵。

5. 請不要詛咒你的孩子

爸媽們，請小心你所使用的語言。因爲，語言是很有力量的。

請不要使用暴力、負向的語言對你的孩子說話。因爲，這樣的語言，是一種詛咒，它會讓你的孩子永遠「無法翻身」。

曾有一位學員邊哭邊跟大家說，她從沒交過男朋友，因爲她母親曾對她說：「你長這麼醜，以後一定沒人會愛你。」當母親用如此負向語言去羞辱孩子時，只會讓孩子更加自卑。而且這句話會烙印在孩子心裡，變成「事實」，這就是詛咒。

打破詛咒的方式，就是愛。

後來這位學員在課堂裡，學會用「新的語言」跟自己說話，把自己愛回來。幾個月後，她終於交到男友了。在臉書裡，她開心地公開自己的戀情，眞替她感到開心啊。

6. 請不要拉攏孩子，對抗另一半

很多夫妻感情不好，經常會拿孩子當「籌碼」，拉攏孩子，去對抗另一半。各位爸媽，千萬不要做這種事，這對孩子是不公平的。孩子沒有義務捲入你們「大人的戰爭」。

很多爸媽在孩子面前會一直批評自己的另一半，要孩子「站在自己這一邊」。這是一種情感的威脅與勒索，這樣的「討愛」，會讓你的孩子每天活得衝突又分裂，甚至影響孩子的人格發展。

爸媽們，請你們爲自己的情感負責，爲自己的婚姻負責，「請不要拖孩子下水」，孩子是無辜的。

愛你的孩子，請「界線」清楚。請不要把孩子當籌碼，更不要把孩子當成你的「替代配偶」。

7. 請不要遺棄孩子

你曾經跟孩子說過這樣的話嗎？

「我不要你了，你給我出去。」「你是垃圾堆裡撿來的」。

這些語言都會讓孩子感覺自己被遺棄、被拋棄，造成他一輩子的心理傷痛。

很多個案都是帶著被遺棄的傷，來到我面前。這樣被遺棄的感覺，還包括父母的「重男輕女」、小時候離開父母被送到別人家裡養、童年被忽略、不被重視等，這些都是孩子內心永遠的痛。

8. 請不要背叛你的孩子

父母是孩子的「天」，孩子永遠都在期待父母的「認同」。

好多人看了《擁抱不完美》以後才知道，爲什麼自己跟父母關係如此疏離？

「喔，原來我在生母親的氣。」「原來小時候我被父母背叛了。」

承諾孩子的事，每次都沒有兌現，這是謊言，更是背叛。

當眾說孩子的不是，讓孩子出醜、無地自容，這也是背叛。

孩子的心是玻璃做的，很脆弱的，請相信我。

親愛的爸媽，請你要站在孩子這一邊，挺你的孩子，他自然會一輩子感激你的。

9.請不要阻止你的孩子長大

很多孩子過度依賴父母，讓自己無法長大或不想長大。其實不怪孩子，這都是父母不願意讓孩子長大。

過度的保護、溺愛，其實也是一種「控制」。你讓孩子無法獨立，於是他就得一輩子待在你身邊，永遠當你的孩子，不是嗎？

爸媽們，請放手吧。

請信任你的孩子，他是有能力的。

請不要把孩子的「翅膀」綁起來、甚至剪斷，請讓孩子高飛，勇敢去追尋自己的夢想吧。有能力展翅高飛、自由遨翔的孩子是快樂的。你希望你的孩子快樂嗎？

10.請不要期待你的孩子變成你想要的樣子

每一個孩子都是「獨一無二」的。

孩子不是父母的「財產」、更不是爲了完成父母的夢想而存在的。

爸媽們，請尊重孩子的「本性」，他是什麼就是什麼。

請讓孩子「如其所是」的做他自己，如此，你就幫了孩子的大忙。

我看過太多受苦的孩子，一輩子不快樂，都是因爲背負著父母的「期待」長大。父母把自己未完成的夢想、虛榮、面子，都「投射」到孩子身上，希望孩子爲自己達成，這是不公平的。

「自己的夢想，自己去達成」，這是一種負責的人生態度。

親愛的爸媽，請尊重孩子的夢想，讓孩子走自己的路，並讓他爲自己的選擇負責。如此，你就教養出一個成熟人格的孩子了。如此，孩子將會一輩子感激你的。

以上十個「不要」，將會讓你成爲孩子心目中的好父母。敬請參考。

或許你唯一虧欠的人，就是你自己

你沒有虧欠誰，或許你唯一虧欠的人，就是自己。

常常，父母或家庭總會讓我們覺得自己「做的不夠好」、總讓我們覺得對他們「有所虧欠」。

這個虧欠與罪惡感，是從哪裡來的呢？根源是來自我們小時候被灌輸的信念。

小時候，有些父母會利用我們的「善良」、利用我們渴望得到父母的愛，不斷用批判語言、負向情緒來「控制」我們，當這樣的「恐嚇」深植內心時，就會變成自動訊息，不斷提醒我們：「如果我不乖、不聽話，我就是對不起父母。如果我讓父母不開心，我就是罪人」。

小時候，我們都很害怕「被拋棄」，於是，我們就會極力討好父母、做個「乖小孩」。

長大以後，我們會繼續「複製」這個腳本，因爲，害怕被拋棄的陰影一直都在。然後，你會不自覺地繼續「討好」身邊所有的人（你的情人、上司、朋友、你的孩子……），只要有人稍微對你不滿意，你就立刻惶恐不安、擔心害怕、內心充滿罪惡感。

其實這樣的感覺，就是小時候父母帶給我們的感受，不是嗎？

好了，現在請跟自己說：「**我夠好了。而且，我不需要讓每個人都滿意。**」事實上，不管你再怎麼努力，你永遠都不可能讓周遭每一個人滿意的，不是嗎？

請認清這個「事實」，覺醒吧。

是的，我是不完美的。但我「夠好」了。

請繼續保有你的「善良」，善良是好的。

善良讓你不會去「傷害」他人。

（請分辨：不能滿足別人，並不等於你傷害別人，這是兩碼事。）

現在，你最該善待的人，不是別人，而是你自己。

我有權利選擇更好的人生

課堂裡，許多女性的故事，經常讓我感動不已。

一位患有憂鬱症的女性，她不想吃藥，想靠自己的力量走出來。於是，她辭去工作，一個人開始「環島」——走路環島。

你沒聽錯，她用走的。她一個人，背著簡單的背包，裡面只有幾件換洗衣服，然後就開始「走路」。一直走、一直走。她走了兩個月、近六十天，走走停停、看山看海，曾經有十天沒洗澡、沒換衣服。

走完台灣一圈，美好的山水土地療癒了她。當她回來後，不只憂鬱症好了，連帶原本身體的疾病——胃痛、皮膚過敏等症狀，都如奇蹟般消失。

還有一位在婚姻裡被家暴的女性，先生長年酗酒，動不動就打她，不然就是言語暴力。上完私塾課，她長出了力量，半年後就勇敢跟丈夫提離婚了。

「我有權利選擇更好的人生，」她堅定地說。

離婚後，帶著一雙兒女，搬到一個新地方，重新展開屬於自己的新生活。她在社區裡開了一家早餐店，賣營養早餐。因爲食材都很新鮮，甚至是有機的，所以生意好得不得了。她覺得早餐對一個人很重要，透過這種方式，她想去照顧別人的健康，做這件事讓她覺得活著很有意義，她很開心。

然而讓她更開心的是：孩子現在每天早上都跟她一樣早起、一起幫忙做早餐，然後才去上學。她說，日子雖然辛苦一點，心卻很踏實，現在她和孩子都比以前快樂許多。

她說：「我很高興，我做對了決定。失去了婚姻，我卻重新獲得自己的人生。」

現在，她跟孩子同心協力、相互支持，一起打造了一個屬於自己的家。這個家，充滿溫馨、不再有暴力衝突。

「孩子雖然沒有爸爸，但我感覺現在的家比起以前，更完整、更像一個家。」

她感慨地說：「如果一個父親只會打人、罵人，那這樣的父親不要也罷。」

看完這個故事，叫我熱淚盈眶，深深被這個勇敢的女性感動了。

是的，生命如此頑強，生命是有選擇的，請牢牢記住。

請讓孩子爲自己的人生負責吧！

一位朋友告訴我，在兒子上大學的第一天，她就把孩子叫到跟前，跟他說：

> 兒子，你已經上大學，也快二十歲了，你的學費及基本生活費做父母的會幫你出，這是我們的責任。但如果你想買機車、電腦、音響等其他用品，你就得自己想辦法去打工賺錢。你長大了，你得學習獨立生活。

朋友說，二十歲是成人的象徵，她希望兒子可以成爲「爲自己負責任的大人」。

同時，她還說：「孩子長大，我的責任大部分也了了，我不想再扛太多。今後，我會多花點時間去做自己喜歡的事。假日我會跟朋友去爬山、泡溫泉、出國旅行。中年以後，我也要爲我的人生負責，我也想過自己的生活，而不是一天到晚爲了孩子與家庭忙得團團轉。」

聽她這麼說，我心中好是佩服，立刻爲她豎起大拇指。

「哇，妳眞是有智慧的媽媽，居然可以放得下，妳很愛自己喔。妳是怎麼辦到的？」我問。

她突然大笑：「唉呦，還不是看了你的書《把自己愛回來》嘛。」被她這麼一說，我有點不好意思，也開心地跟著她一起大笑。

這是一個好故事。

你知道嗎？很多媽媽是「不允許孩子長大」的。因爲，如果讓孩子永遠「需要」我，這樣，孩子就會永遠留在我身邊、永遠都不會離開我，不是嗎？這是一種控制。

很多母親，爲了孩子犧牲一切，犧牲自己的生活、興趣、健康、娛樂、友誼，表面上看起來很偉大，但實際上是因爲她「沒有自己」，她必須「依附」在家人身上，才能感覺到自己的存在。因此，透過這樣的犧牲，就會讓家人感激她，而且不能沒有她。這絕對是潛意識裡的東西，請勇敢覺察：你是這樣嗎？

這樣的母親，一輩子都把自己困在家裡，眼睛永遠盯著孩子、看著先生，大門不敢邁出一步，甚至從來沒想過：「我可以一個人去旅行」。婚姻，讓她的世界變小了，很可惜。我經常感嘆：「難道你沒有自己的人生嗎？」

如果沒有回到自己的中心，找回自己的重心，一直跟著別人的需要團團轉，那麼你的日子，永遠都是漂浮不安。這樣的人生不踏實，可惜了。

爲家人付出，這是愛，這是很美的事，但也要適可而止。請不要忘記你自己。當孩子長大時，也該讓孩子爲他自己的人生負責了，大家各就各位，各自過好自己的人生，這樣才是健全的家庭。

是的，我受過傷，但我依舊美麗

請勇敢大聲說：是的，我是（Yes , I am）。

是的，小時候我曾被性騷擾（甚至被性侵）。

是的，小時候我會尿床、經常被取笑。

是的，我在學校曾被霸凌、被羞辱。

是的，我有一個暴力的母親、我曾被虐待。

是的，我是一個暴力的父親，我曾家暴我的小孩。

是的，我飽受憂鬱症之苦，痛苦到想死。

是的，我活著像行屍走肉，生命沒有熱情、沒有感覺。

如果你敢這麼坦白，敢面對自己生命的陰影，我恭喜你，你已經邁向了療癒的第一步。

請好好說故事吧。勇敢轉身，把那個陰影給「收編」回來。

請找一個場子，在沒有人批判你、論斷你的場子裡，好好地說自己受苦的故事。

在那個說故事的場子裡，你會發現：「原來我們都是一樣的」。原來，我就是你，你就是我。

是的，雖然我們都曾受過傷，但我們依舊是美麗的靈魂。

在說出「是的，我是」的當下，我們就擁抱了彼此，同時也擁抱了「過去的自己」。

在那個當下，我們就跟過去的自己「和解」了。

「是的，我是……」是一句很有療癒力量的話。

它可以幫助你，認回了自己。

不信，請你大聲說說看。

〈結語〉與生命和解的時刻到了

端午節過後，我來到湖南長沙做了一場敘事工作坊。

第一次來到長沙，很興奮。雖然我不吃辣，但我喜歡這裡熱情的人們。一如往常，這場工作坊吸引了一群美麗的靈魂到來，這是靈魂的召喚。

第一天課程結束，感動滿滿。

一位男士在來之前跟老婆起了衝突，冷戰數月。下課後，他的心滿滿的，很多話想跟老婆說，卻不知道如何說起，於是他在筆記本上畫了一幅畫：一個女孩被煦煦的微風吹拂擁抱著，一副陶醉又幸福的模樣。他說本來是想畫他擁抱老婆，但一時不知怎麼畫，就畫成了這樣。

那晚，他把畫微信給老婆看。無聲勝有聲。他想用不一樣的「語言」去表達他對老婆的愛，他想跟老婆和解。

不久，老婆回覆，問他：「那個風是你嗎？」那一刻，他淚崩了。唉呦，心靈相通，老婆懂他。

最後，老婆再發微信給他：「我等你回來喔。」這句話，叫他再度熱淚盈眶。他終於跟老婆和解了。

第二天，當他把這個美好的故事跟所有學員分享時，很多人感動到紅了眼眶。這個故事，有如春天的微風、秋天的楓葉，美得令人陶醉。

叫人感動的，還不只如此。

課程最後，我邀請大家寫信。寫信給「某一個」你曾傷害他，此刻你想跟他說聲對不起，想跟對方和解的人。

寫完，有個婦人當眾唸著她寫給兒子的信，邊唸邊哭。她想跟兒子說「對不起」。

「孩子，媽媽想跟你說對不起。你小的時候媽媽總是很忙，沒空陪你，把你送到幼兒園一整天。有一次晚上去接你，看到你一個人坐在地上發呆、兩眼無神，媽媽看了好心疼。還有一次你偷拿錢去打電動，我把你綁起來毒打了一頓，打得你哀嚎痛哭、不斷求饒，那時你受傷無辜的眼神，我也記得。現在，我才明白，原來你是因爲孤單寂寞、沒人陪，才會想打電動的。當時我怎麼這麼狠心呢……」

話沒說完，婦人已痛哭失聲。然後，我問她：「回去以後，你會想把信唸給孩子聽嗎？」她點點頭、肯定地說：「會的。」

她知道這幾年她都沒好好陪伴孩子，心裡充滿愧疚。回去以後，她想要好好擁抱孩子，跟孩子說對不起。這又是一樁美好的和解。

緊接著，另一個女士也舉手了，她是寫給前夫的。

那天剛好是大陸的父親節，早上她就傳了簡訊給前夫，祝他父親節快樂，更感謝他照顧孩子。她說，這麼多年來，她是頭一遭這麼做。或許是昨天的課療癒她了吧，讓她此刻產生了力量，想跟前夫和解。

信裡，她跟前夫充分表達了當年離婚對她的傷害，以及她內心對孩子、對老公深深的愧疚。她很自責，覺得自己不是好妻子、好媽媽、好女人，這十年來，她天天活在罪惡感裡鞭笞自己，沒有一天過得快樂。

唸完信，她臉上表情放鬆許多。

我一樣問：「你會想把這封信寄給你前夫看嗎？」她點頭，一樣肯定地說：「我會。」

隔天早上，我就收到她發的微信，裡面說：

課程一結束，晚上我就把信發給前夫了。他馬上就安慰我說，事情都過去了，沒事的。看著他的微信，我忍不住就一直哭。過了一小時後，他又打電話給我，跟我說當年其實他也有錯，也想跟我道歉，並說我是好媽媽、好妻子，不是壞女人。聽到他這麼說，我立刻又痛哭。哭了很久，把這幾年的委屈與傷痛統統倒出來。我邊哭，他還是一邊安慰我。**在那一刻裡，我終於跟他和解了，同時，我也跟自己和解了。**昨晚，我睡了一個好覺，從來沒有過這麼輕鬆的感覺。

回到台灣後，我把自己帶到花蓮海邊度假，我想自己放空，讓身心得到全然的放鬆。這是我恢復能量的方式。

那晚，坐在寧靜的海邊、望著浩瀚星空，我突然明白一件事：這十幾年來，爲什麼我要不斷地說故事？原來，我是在跟自己的生命做和解。

當我跟自己和解以後，於是我也才有能力去跟周遭的人和解（尤其是我的母親）。進而，透過這種方式，去協助眾生「跟自己和解」。我忽然明白，或許，這就是我的「使命」。

聆聽著浪聲潮來潮往，此刻心中出現一種前所未有的平安，那是一種寧靜至遠的感覺。

隔天清晨，我赤腳走在海邊的鵝卵石上，潮水沖刷著一顆顆美麗的鵝卵石，石頭被海水浸泡、沖刷過後，透著一種光滑的明亮。那一刻，我又懂了：「對，這就是生命。」

生命所遭逢的創傷與痛苦，就彷彿潮水對石頭的沖刷一般，雖然艱辛，但在不斷地沖刷裡，卻也磨練出生命奇特的光澤與美麗，如同海邊的石頭。

是的，「沒有任何事物是完美的，也沒有任何事物會永遠如我們所願」，這個事實，我們得欣然接受。

在不完美的人生裡，我們雖受盡苦楚，但在生命的黑暗艱難裡，卻又讓我看見光與希望。原來我們這一生的功課無他，就是學會超渡傷痛，跟自已和解罷了。我想這是我寫這本書的目的吧。

是的，生命是如此不完美，但愛，卻永不止息。

〈致謝〉因爲不完美，生命才精采

故事就是生命，生命就是故事，
對我而言，
每一個故事，都充滿了生機，都是珍貴至寶。

感謝上天，讓自己有說故事的能力。
感謝所有受苦的靈魂，願意給出你艱辛卻美好的故事。
感謝眾生，願意聆聽我說故事。
在故事裡，我們如此合一，如此交融。

這裡的故事，除了我的故事以外，其他故事都是來自學員與個案的故事。當然，故事主角都是經過化名的，內容也都經過修飾，目的在保護其個人隱私。如有疏漏之處，敬請指教。

再次衷心感謝這些故事的主人翁，沒有他們的故事，就沒有這本書。

最後，

心甘情願地、感謝生命中的不完美，

感謝那些曾經傷害過我們的人。

如果你的人生都完美，那你也就沒戲唱了，不是嗎？

因爲不完美，我們才有故事可說，

因爲不完美，生命才有修練的機會，

因爲不完美，才讓生命得以謙卑，才讓我們學會愛。不是嗎？

深深祝福每一個跟我一樣、

不完美、但卻勇敢不放棄的生命。

〈讀者回饋〉

從小我就生長在一個暴力的家庭，父母一天到晚吵架，我每天都生活在暴力衝突中，惶恐不安。

長大後我一個人在台北工作，每次接到家裡打來電話就感到驚恐、厭煩（不是媽打來哭訴爸爸對她施暴，不然就是爸打電話來跟我要錢）。每次接電話心情就變得很糟糕，很想不接他們的電話，但不接又覺得自己「不孝」，心裡非常矛盾。

昨天拿到書後，迫不及待地開始看，看到「做不到孝順，不是你的錯。」「父母不快樂，不是你的錯」，我大哭了。感謝這些話，讓我得到了很大的「釋放」。原來，我不必為他們的不快樂負責，父母應該為他們自己的情緒與人生負責才對，我們做兒女是無辜的。

——台北，心茹

周老師的書一向是助人工作領域學習者與實務工作者的最愛，除了文字細膩又貼近生活之外，他所描繪的人性苦痛，更是我們工作中常聽到的故事；再加上助人者常是負傷的療傷者，自己也有不少個人議題要去面對，因此讀起來特別有感。

這本書提供了許多案例，提供給那些被家庭所傷的人療癒方法與和解經驗。相信爲家庭所苦的人們，都能從這本書找到慰藉、同理與支持，進而解開多年來的家庭糾葛心結。

——大學教授，王大維

閱讀這本書需要經常回來整理自己被撩動的心，所以看得很慢、很深，但心卻很滿。透過這本書，幫助我與原生家庭故事做內溯與連結，勇敢眞實地面對自己受傷的，將不完美的自己給擁抱回來。

——大學教授，林曜聖

這是我所珍藏第三本最值得收藏的書。長期與母親糾纏的關係，終於在書上找到了答案。原來與母親和解，其實是需要先與自己和解。原來我的內在匱乏，都是源自於我買單（複製）了父母親的恐懼與匱乏。原來，自己就是自己的最大救贖。看了這本書，我深深被裡面的故事給療癒了。

——台北，曉芳

國家圖書館出版品預行編目資料

跟家庭的傷說再見：與生命和解的故事療癒
周志建著. -- 初版. -- 臺北市：方智，2016.09
272 面；14.8×20.8 公分--（自信人生；135）
ISBN 978-986-175-438-3（平裝）
1.心理治療 2.心理諮商 3.說故事

178.8　　105013383

Eurasian Publishing Group
圓神出版事業機構
用心與你對話．視野無限寬廣
方智出版社
Fine Press

www.booklife.com.tw　　reader@mail.eurasian.com.tw

自信人生 135

跟家庭的傷說再見：與生命和解的故事療癒

作　　者／周志建
發 行 人／簡志忠
出 版 者／方智出版社股份有限公司
地　　址／台北市南京東路四段50號6樓之1
電　　話／（02）2579-6600・2579-8800・2570-3939
傳　　真／（02）2579-0338・2577-3220・2570-3636
總 編 輯／陳秋月
資深主編／賴良珠
專案企劃／沈蕙婷
責任編輯／賴良珠
校　　對／沈蕙婷・賴良珠・周志建
美術編輯／李家宜
行銷企畫／吳幸芳・荊晟庭
印務統籌／劉鳳剛・高榮祥
監　　印／高榮祥
排　　版／陳采淇
經 銷 商／叩應股份有限公司
郵撥帳號／ 18707239
法律顧問／圓神出版事業機構法律顧問　蕭雄淋律師
印　　刷／國碩印前科技股份有限公司
2016年9月　初版
2023年11月　10刷

定價 340 元　　ISBN 978-986-175-438-3　